◎ 北京市商务局 编

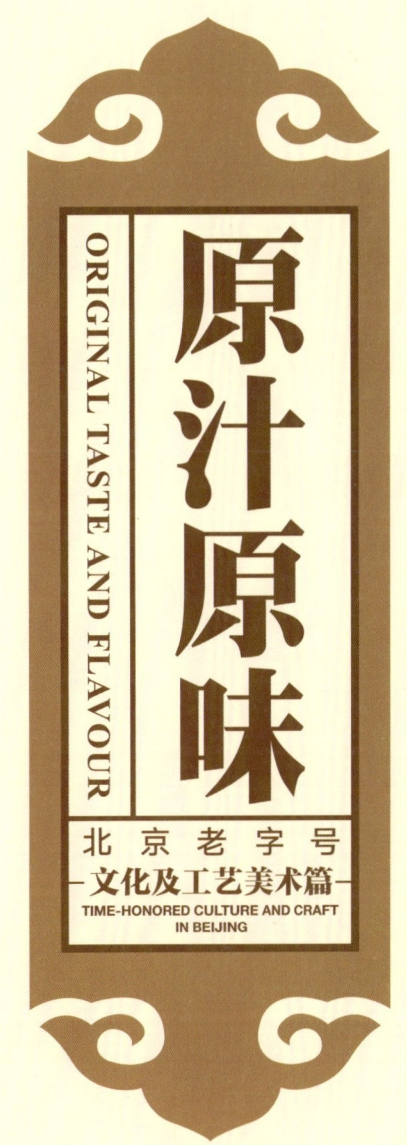

原汁原味

ORIGINAL TASTE AND FLAVOUR

北京老字号
—文化及工艺美术篇—
TIME-HONORED CULTURE AND CRAFT IN BEIJING

中国画报出版社·北京

# 前 言
## PREFACE

  北京是有着3000多年的建城史和860多年建都史的世界著名古都。在历史的发展与变迁中，北京不仅积累了深厚的文化底蕴，也吸引了济济人才汇聚于此，创造出了无数令世人惊叹与震撼的文化遗产。北京的传统文化与工艺美术是一个历史悠久、独具特色的产业。依靠得天独厚的文化古都历史条件，北京的传统工艺美术名师荟萃，巧匠云集，以历史悠久、风格独特、品种繁多、技艺精湛、典雅名贵而享誉中外。它代表了我国传统工艺美术技艺的最高水平，比较集中地体现了我国民族工艺的优秀传统，是中华民族文化遗产中不可缺少的组成部分，是我们民族的特色瑰宝和骄傲。

  为了更好地总结和宣传老字号独特的传统技艺和管理经验，记述老字号世代的工匠精神和技艺特点，经过近一年的筹备，在北京老字号协会和企业的密切协作、共同努力下，《原汁原味北京老字号·文化及工艺美术篇》终于同广大读者见面了。这本画册共收录了29家北京文化及工艺美术老字号企业。所有企业按照创始年代排序，独立成篇，单独记录、梳理其发展历程。商务印书馆从上海北迁至京，薪火百年传承，其发展推动了中国近代文化的转型；荣宝斋恪守传统文化艺术三百余年，兢兢业业、诚信经营，成为民族企业中的重要品牌；曾经官廷御用的京珐景泰蓝、京彩瓷、花丝镶嵌、金漆镶嵌、红灯制作、弓箭制作、京绣剧装等都成为了北京的金名片，享誉世界。北京文化和工艺美术老字号企业，在创新中保持着传统，始终以开放的姿态应对时代的变迁，用发展践行着"爱国、创新、包容、厚德"的北京精神。

  《原汁原味北京老字号·文化及工艺美术篇》是一九五六年以来，北京文化和工艺美术老字号传承、创新、发展水平的真实记录，是献给新中国建立70周年华诞的文化大礼，对弘扬中华优秀的传统文化，整理挖掘传统文化和工艺有着承前启后的重大作用。

# 目 录
## CONTENTS

## 博古通今 经纬天地
### ERUDITION AND SCHOLARSHIP

| | | | |
|---|---|---|---|
| 荣宝斋 | P008 | 福和恒 | P056 |
| 清秘阁 | P016 | 戴月轩 | P060 |
| 三庆园 | P022 | 宏音斋 | P066 |
| 博古斋 | P028 | 萃文阁 | P074 |
| 一得阁 | P030 | 星海钢琴 | P080 |
| 商务印书馆 | P038 | 南新仓 | P086 |
| 京彩瓷 | P044 | 中国书店 | P090 |
| 成文厚 | P052 | 百花 | P098 |

## 大国工匠 精巧奇绝
### DEDICATION AND AESTHETICS

| | | | |
|---|---|---|---|
| 聚元号 | P104 | 京珐牌 | P150 |
| 同兴和 | P108 | 金漆镶嵌 | P158 |
| 龙顺成 | P112 | 云鹿 | P164 |
| 杜顺堂 | P118 | 文盛斋 | P168 |
| 集珍斋 | P124 | 东方艺珍 | P172 |
| 富德润 | P130 | | |
| 懋隆 | P134 | | |
| 工美 | P142 | | |

文化

# 博古通今 经纬天地
ERUDITION AND SCHOLARSHIP

北京是一座包容万象、海纳百川的城市。三千年的历史,六朝古都,使这里荟萃了自元、明、清朝以来的中华文化中的精华。八方来客汇聚于此,各种宗教、文化在这里兼容并蓄。北京以包容厚德的内在品质与人文关怀,承载着历史变迁,形成了自己宽广多元、丰富厚重的独特文化内涵。

# 始创于1672年

　　荣宝斋前身"松竹斋",是一家在琉璃厂颇有影响的南纸店,始建于清康熙十一年(1672),1894年更名为荣宝斋,取"以文会友,荣名为宝"雅意。1928年至新中国成立初期,荣宝斋先后在南京、上海、汉口、洛阳、天津等地设立分店。1950年公私合营,"荣宝斋新记"挂牌。1952年,荣宝斋转为国营,去掉"新记"二字,重新沿用"荣宝斋"字号,以郭沫若题写的"荣宝斋"字样为标准商号及商标沿用至今。改革开放以来,荣宝斋在市场经济的磨砺中,逐渐转型为集书画经营、文房用品、木版水印、装裱修复、拍卖典当、出版印刷、展览展示、教育培训、茶文化等于一体的综合性文化企业,拥有"木版水印"和"装裱修复"两项国家级非物质文化遗产技艺。荣宝斋现隶属于中国出版集团公司。

荣宝斋南纸店外景(摄于20世纪20年代)

荣宝斋新记内景(摄于20世纪50年代)

荣宝斋新记外景(摄于20世纪50年代)

位于琉璃厂西街的荣宝斋外景

位于琉璃厂东街的荣宝斋大厦（摄于 2019 年）

博古通今经纬天地

ERUDITION AND SCHOLARSHIP

## 荣宝斋的木版水印技艺

清光绪二十二年（1896年）荣宝斋在井院胡同2号增设了"荣宝斋帖套作"，从此荣宝斋自刻、自印、自销笺纸，成为日后荣宝斋木版水印事业发展的基础。20世纪30年代，荣宝斋受鲁迅与郑振铎先生之托印制出版了《北平笺谱》和《十竹斋笺谱》。40年代，又受张大千先生之托，印制其临摹的敦煌壁画《敦煌供养人》。荣宝斋的木版水印从印制大不盈尺的笺纸开始，逐步发展到可以印制大幅国画。50年代，荣宝斋又陆续成功复制了徐悲鸿先生的《奔马》、齐白石先生的《白茶花》，清代王云的绢本山水《月夜楼阁》的成功复制更是填补了绢本画作印制的空白。此后，荣宝斋又相继印制成功了《韩熙载夜宴图》《虢国夫人游春图》《清明上河图》等一系列名篇巨制，木版水印技艺在此时达到巅峰。木版水印作品以其独特的技艺表现了中国画笔墨淋漓、气势豪放、隽秀典雅、细密谨严的神形和气韵。

## 木板水印的制作过程

国家级传承人肖刚在勾描画稿

### 第一步：勾描

勾描是木版水印的基础。第一步先把画稿上不同的笔触和颜色进行分版，凡同一色调的笔迹均划归于一套版内，原作上有多少颜色层次，就描成多少张稿子，即分成几套版。色彩简单的画面有二三套至八九套不等，画面工细复杂的要分到几十套，大幅的甚至要分到几百套到上千套。把各套版面的线条和轮廓用墨线分别勾在半透明的雁皮纸上。勾描时无论原作多么繁复工细，线条多么粗犷写意，都要把精微之处描绘出来，把作品的笔墨情趣如实反映出来。

国家级传承人崇德福在雕刻印版

### 第二步：雕刻

雕刻是将勾描好的墨稿粘在木板上付刻。雕刻所选用的板材，大都选用梨木，其表面要刨得平整光滑。雕刻者以月牙形的刻刀在木板上进行精雕细刻。要求操刀如笔，能灵活掌握走刀力度，通过刀的走向和力度的变化，将线条的转折、顿挫雕刻出来。此外，雕刻者除依据墨线一丝不苟地雕刻外，还需参看原作，细心领会，只有这样才能把原作的笔法和特征传达得惟妙惟肖。

## 第三步：印制

印制是各分版刻成后，需依次逐版套印成画。印刷作为最后的工序，可以说是最为精妙的，它要求印刷者不仅要有熟练的印刷操作技术，而且要熟知绘画的技法，这样才能应对作品中的一些微妙的细节和浓淡干湿的变化，复制出原作所特有的艺术风格。操作中，要求技师能准确把握水印工具的快慢节奏和力度变化，同时还要能整体控制周围的湿度，以确保水印作品的质量水平。

国家级传承人高文英在印制木版水印作品

## 第四步：装裱

装裱是印制完成的作品，需要经过装裱后再走向市场。书画装裱是中国独特的传统装潢工艺。经过装裱的作品不但便于悬挂，还有保护作品与烘托画面效果的作用。装裱师根据画面艺术效果的需要，选择恰当的绢、绫、锦等装裱材料，并按原作分类，装裱成立轴、横披、册页等形式，也可托裱后装框，使水印制品的装饰与作品的内容相融合。

鲁迅、郑振铎委托荣宝斋印制的《北京笺谱》

图为荣宝斋装裱后的《簪花仕女图》，此图于1956年印制成功，被周恩来总理选作国礼赠送外国元首

## 荣宝斋的装裱修复技艺

1956年，荣宝斋装裱车间成立，云集了当时整个琉璃厂地区各装裱店铺的顶尖装裱高手，组成了书画装裱界的最强阵容。荣宝斋的装裱是北派装裱——京裱最集中的体现，秉承了传统技艺，不仅制作精良，用料选材也极为考究，每道工序都严格把关，采用传统制作，益于日后揭裱重装。荣宝斋先后为中南海、人民大会堂、天安门、政协礼堂、钓鱼台国宾馆、京西宾馆等诸多重要单位装裱《江山如此多娇》《万里江山图》《金色长城》等多幅作品。

冯鹏生、孙树梅、张贵桐、王家瑞、李振东在切磋山西应县木塔辽代残经画幅修复方案

国家级传承人王辛敬正在揭除待修复画作的背纸

国家级传承人李淑珍正在为需修复的画作全色

修复前的明代钟钦礼《雪景山水》

修复后的明代钟钦礼《雪景山水》

原汁原味北京老字号文化及工艺美术篇

014

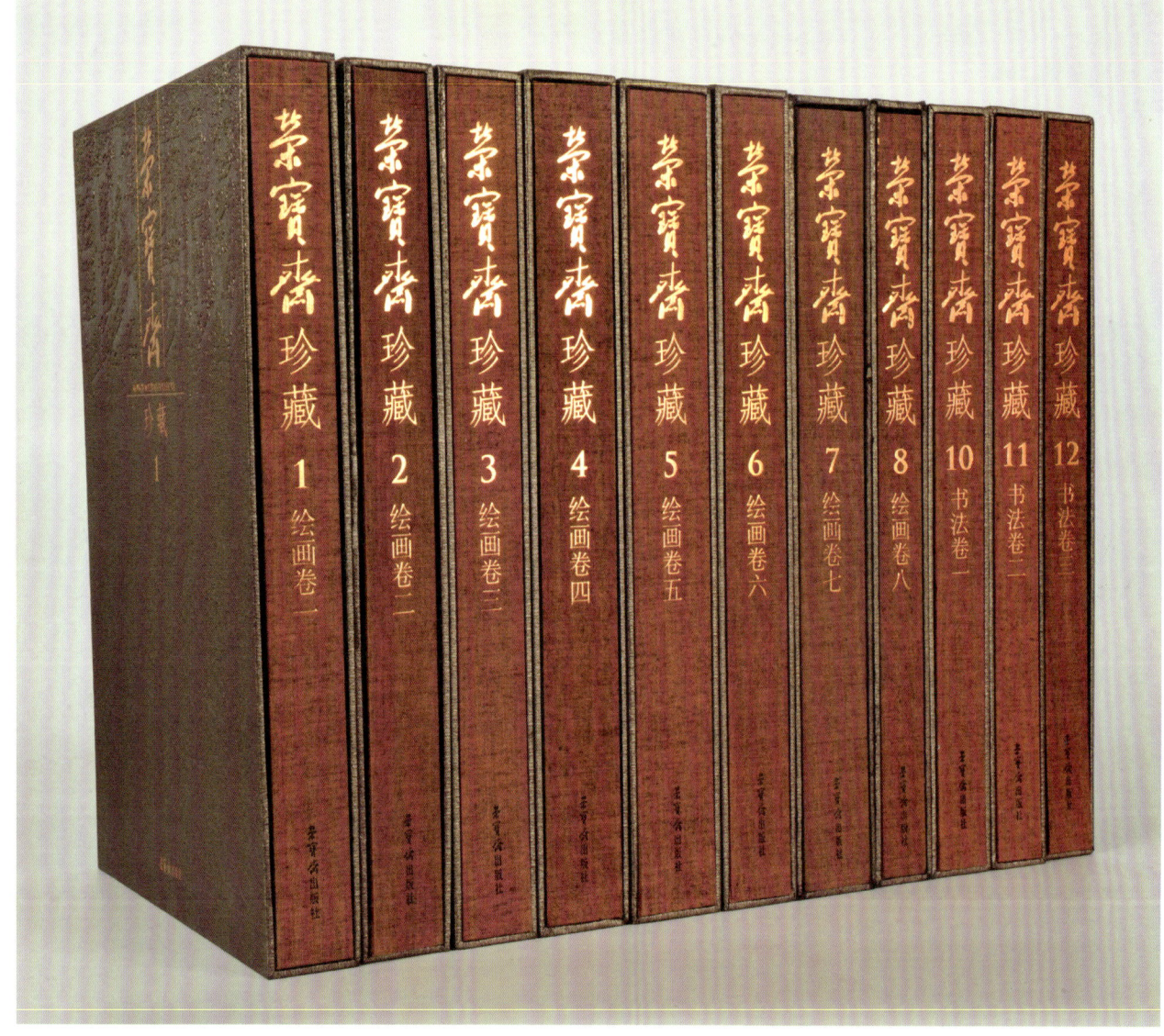

《荣宝斋珍藏》共十二册，汇集收录了荣宝斋历年珍藏的数千幅书画作品，历代名家都有涉猎，如有元代的吴镇、盛懋，明代沈周、文徵明、仇英、陈洪绶、董其昌、徐渭、王铎，清代的石涛、朱耷、龚贤、"四王"、"扬州八家"，近现代的虚谷、任伯年、吴昌硕、齐白石、徐悲鸿、张大千等

ORIGINAL TASTE AND FLAVOUR
TIME-HONORED CULTURE AND CRAFT IN BEIJING

荣宝斋定制生产的文房用品套装，精选优质笔墨纸砚，自用实用，送礼雅致

博古通今 经纬天地

015

ERUDITION AND SCHOLARSHIP

# 始创于 1743 年

　　清秘阁建于清乾隆八年（1743），是乾隆皇帝乳母周嬷嬷为儿子讨要的封赏。乾隆皇帝在琉璃厂西街路南赐给周嬷嬷的儿子一家店铺，店铺名为"清秘阁"，让其经营南纸生意。"清秘阁"之名源于元代大画家倪瓒的藏书阁，意为"清新纯正，罕见稀少的宝物放在阁楼之中"。在清代，除非皇帝封赏，否则"清"字是不可以使用的，可见清秘阁与清朝皇家的渊源。作为当时京城著名的南纸店，清朝皇宫、六部官府所用的宣纸、信笺、印泥等文房四宝均采用清秘阁。尤其是清秘阁特制的八宝印泥，采用多种珍贵原料精心配制，色泽鲜艳，经久不变，受到各界名人的喜爱。

　　时值近代，鲁迅先生较早光顾的南纸店也是清秘阁。1912 年，鲁迅先生到北京没几个月，就到清秘阁买纸、买画，并在十一月九日记道："赴琉璃厂买纸，并托清秘阁买林琴南画册一叶，付银四圆四角，约半月后取。"此后许多年中，鲁迅先生买信纸、信封、字画，也总是光顾清秘阁。

　　新中国成立后，清秘阁归为国有，曾为北京市宣武区工艺美术品公司下属单位。2006 年 1 月 17 日，北京清秘阁有限公司成立并正式营业。目前清秘阁除了延续以往销售文房四宝、古玩等商品业务之外，还保持了书画家代售字画业务——在民国时被称为"挂笔单"，并经常组织展览、培训交流、笔会活动，形成了一系列特色的创新经营。

清秘阁旧貌（摄于 2011 年）

位于琉璃厂西街修葺一新的清秘阁

博古通今 经纬天地

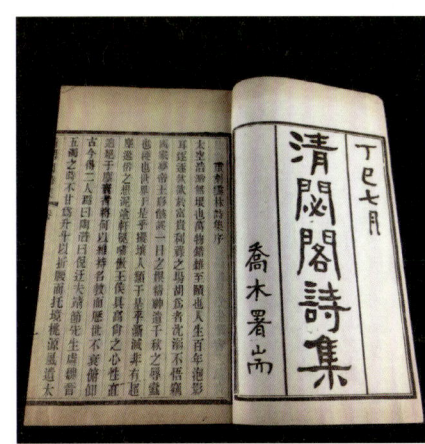

"清秘阁"一名源于元代著名画家倪瓒。倪瓒，号云林，乾隆皇帝在《石渠宝笈》中称赞他"元四大家，独云林格韵尤超，世称逸品"。倪瓒所著《清秘阁文集》12卷，现存国家图书馆古籍善本之中，其文化艺术对后世影响甚远

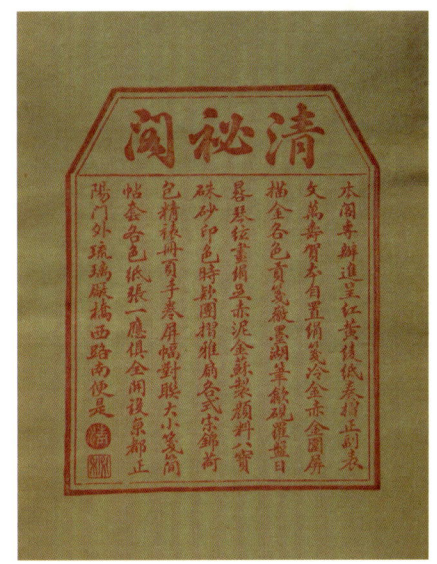

民国时期清秘阁广告

在清代，清秘阁红极一时，店门前车水马龙，文官下轿，武官下马，店门口设有拴马桩、下马石。朝中官员下朝后来琉璃厂，都先到清秘阁换下官服，再逛琉璃厂。图为已经屹立在清秘阁店门前三百余年的拴马桩与下马石

原汁原味北京老字号文化及工艺美术篇

018

清秘阁出品的文房四宝产品

ORIGINAL TASTE AND FLAVOUR
TIME-HONORED CULTURE AND CRAFT IN BEIJING

清秘阁销售的毛笔，依古法经百余道工序制作而成，具有尖、齐、圆、健四大特点——笔锋尖如锥；笔锋撮平后齐如刀切；笔头圆浑饱满；笔锋健挺，富有弹性

清秘阁销售的歙砚，产于安徽，是中国四大名砚之一。产品具有石质坚涩、温润莹洁、纹理缜密、发墨如油、不吸水、不耗墨、不损笔等特点

清秘阁的水印宣纸，采取古法工艺经过几十道工序制作而成，将清秘阁字样制成水印有防伪的作用，从清代传承至今。清秘阁监制八宝印泥的用料讲究，色泽艳丽，久而不退

博古通今经纬天地

# 始创于 1796 年

三庆园位于前门外大栅栏街 18 号，是老北京最早的戏园之一。据清道光年间出版的《梦华琐簿》记载："今日三庆园，乾隆年间宴乐居也，其地昔甚广大，今当铺亦从此析出。"据传清乾隆皇帝下江南时，在扬州大码头观看了昆曲（南昆）的演出，回京时就把昆曲带了回来。乾隆五十五年（1790），为庆贺乾隆皇帝八十岁寿辰，扬州盐商江鹤亭在安庆组织了一个徽戏班子，取名"三庆班"，在艺人高朗亭的率领下来到京城演出。三庆班的进京演出开启了京剧历史上最重要的历史事件——"徽班进京"。"三庆班"在京城献艺获得赞誉，便留在了京城。嘉庆元年（1796），三庆班与宴乐居合营，将宴乐居改造成三庆园，以演出为主。清中期，三庆园与广德楼、广和楼、庆乐园、同乐轩、庆和园、中和园一同被誉为"京城七大戏园"。高朗亭、程长庚、谭鑫培、梅兰芳等戏曲大师均曾长期驻演于此，见证了京剧从萌芽、形成、成熟到高峰的全过程。

1900 年，前门外大栅栏起火，三庆园与庆乐园、中和园、庆和园等戏园悉数被烧毁。1905 年，三庆园得到了复建。复建后的三庆园除京剧演出外，还经营电影放映。1950 年三庆园因年久失修而停演。2013 年，三庆园老戏楼原址重建项目正式启动，在 2016 年 8 月 18 日重新开园，皮黄之声再起，梨园盛景重现。2016 年三庆园被北京老字号协会认定为北京老字号。

三庆园剧场旧貌画像图

三庆园新剧场照片，摄于 2017 年

**程砚秋**

著名京剧表演艺术家，四大名旦之一，程派艺术创始人。1923年后在三庆园驻演两年，1924年8月24日在三庆园以《汾河湾》打响名气。《孔雀屏》《金锁记》《赚文娟》《玉狮坠》均首演于三庆园。此图为程砚秋《荒山泪》剧照

**程长庚**

清代著名徽剧、京剧表演艺术大师，为三庆班老生首席演员。被誉为"徽班领袖""京剧鼻祖""京剧之父"。程长庚在三庆园表演过《战樊城》《文昭关》《鱼肠剑》《群英会》《华容道》等剧目

**马连良**

中国著名京剧艺术家，"马派"艺术创始人，京剧"四大须生"之首，1925年12月，演出《盗宗卷》；并与尚小云、侯喜瑞在三庆园演出《宝莲灯》。图为马连良《清风亭》剧照

**金少山**

著名京剧净角表演艺术家，金派创始人，被誉为"十全大净"。曾在三庆园驻演。图为金少山《霸王别姬》剧照

**李万春**

著名京剧表演艺术家、戏曲艺术教育家。在三庆园演出《战马超》，一鸣惊人。图为李万春《长坂坡》剧照

**裘盛戎**

著名京剧净角表演艺术家，裘派创始人。1941年10月2日，裘盛戎在三庆园与言菊朋、童芷苓合演了言菊朋的谢世之作《二进宫》。图为裘盛戎《赤桑镇》剧照

**梅兰芳**

著名京剧表演艺术家，四大名旦之一。1916年梅兰芳的时装新戏《一缕麻》在三庆园演出大获成功。图为梅兰芳《贵妃醉酒》剧照

**谭鑫培**

"谭派"创始人，被尊为京剧界鼻祖，其唱腔委婉古朴，行内有"无腔不学谭"之说。他曾在三庆园演出过《盗宗卷》《定军山》《阳平关》《南阳关》等剧目。图为谭鑫培《定军山》剧照

**王瑶卿**

著名京剧表演艺术家、戏曲教育家，被尊称为梨园界"通天教主"。1925年12月，王瑶卿在三庆元与程砚秋合作出演《文姬归汉》。图为王瑶卿《雁门关》剧照

**尚小云**

著名京剧表演艺术家，四大名旦之一，尚派艺术创始人。在三庆元长期驻演。图为尚小云《十三妹》剧照

**荀慧生**

著名京剧表演艺术家，著名京剧旦角，荀派艺术的创始人，四大名旦之一。1964年，荀慧生慰问商场职工，曾率团在三庆园出演京剧《拷红》，这次演出也成为他20世纪在三庆园的最后一次演出。图为荀慧生《杜十娘》剧照

**言菊朋**

著名京剧老生演员，前四大须生之一。1925年12月3日，言菊朋在三庆园与尚富霞同演《胭脂虎》。1941年10月2日，言菊朋在三庆园与裘盛戎、童芷苓合演了谢世之作《二进宫》。图为言菊朋《捉放曹》剧照

**杨宝森**

著名京剧老生演员,四大须生之一,"杨派"艺术创始人。1922年11月7日,杨宝森在三庆园演出《鱼肠剑》。图为杨宝森《空城计》中剧照

**奚啸伯**

京剧老生,后四大须生之一。曾在三庆园驻场演出。图为奚啸伯《范进中举》剧照

三庆园剧场内部全景

三庆园内景

三庆园内景

# 博古斋

## 始创于 1845 年

　　北京博古斋茶文化发展中心（以下简称博古斋）的前身是博古斋古玩铺，坐落在北京古老的琉璃厂文化街，始建于清道光二十五年（1845），是琉璃厂开业时间最早的古玩铺，也是琉璃厂历史最悠久的书画店之一。博古斋的创办人是祝锡之，在他之后，相继经营博古斋的有祝德酬、李镜湖、孙虞臣等人。博古斋偏重于碑帖金石字画，成为琉璃厂古玩铺的一大门派。新中国成立后，1956年公私合营，博古斋作为集体所有制企业先后隶属于北京市文化用品公司、宣武区一商局等。博古斋现经营名人字画、金石篆刻、茶文化、名家紫砂壶具等，并承办书画展览，展示传统文化，促进文化交流。博古斋以溯古追新、开拓市场为经营理念，以诚实守法、顾客至上为服务宗旨，使百年老店焕发出时代风采。

位于北京琉璃厂东街 71 号的博古斋店面

博古斋店内景

博古斋店内茶器及茶叶区域

# 始创于 1865 年

一得阁墨汁店始建于清同治四年（1865），老匾额由创始人湖南湘乡人谢崧岱手书，取自楹联"一艺足供天下用"，"得法多自古人书"。谢崧岱曾官授国子监典簿、正七品文林郎。他饱读圣人之书，身受研墨之苦，决心钻研制墨之理，探索变革之路。之后，谢崧岱在古人制墨工艺的基础上创制出墨汁，被称为"墨汁开山祖"。

1956年一得阁公私合营。2004年改制，成立"一得阁墨业有限责任公司"，产品遍布全国各地，并销往日本、新加坡、马来西亚等国家和地区。

一得阁大楼老照片（摄于20世纪80年代）

一得阁新办公楼门脸，楹联"一艺足供天下用，得法多自古人书"就是一得阁名字的由来，牌匾由创始人谢松岱先生亲笔手书

1961年,一得阁墨汁厂用三滚扎墨机代替了过去的手工研磨操作,制造出了传统名牌产品——中华牌墨汁,机械化操作使得墨汁更加精细,且书写流利,墨迹发亮

一得阁的墨汁仍然采用三滚轧机的压榨工艺,并在配方和原材料上进行改良,保证产品品质

一得阁第二代传承人、国家级非遗传承人张英勤(中);一得阁第三代传承人、国家级非遗传承人张永林(左一);一得阁第三代传承人、国家级非遗传承人何平(左二);一得阁第三代传承人、国家级非遗传承人尹志强(左三)

原汁原味北京老字号文化及工艺美术篇

一得阁中华墨汁，浓度适中，书写流畅，宜写大字及草书

博古通今经纬天地

一得阁上品云头艳，古法配方，传统工艺轧制，墨质细腻浓郁含紫玉之光

一得阁金墨,色泽明亮,书写流畅,不褪色,不发黑,干后不溶于水

一得阁禅墨，沿用古法制墨技艺，添加檀香成分，精选植物原料，书写流畅、扩散自然

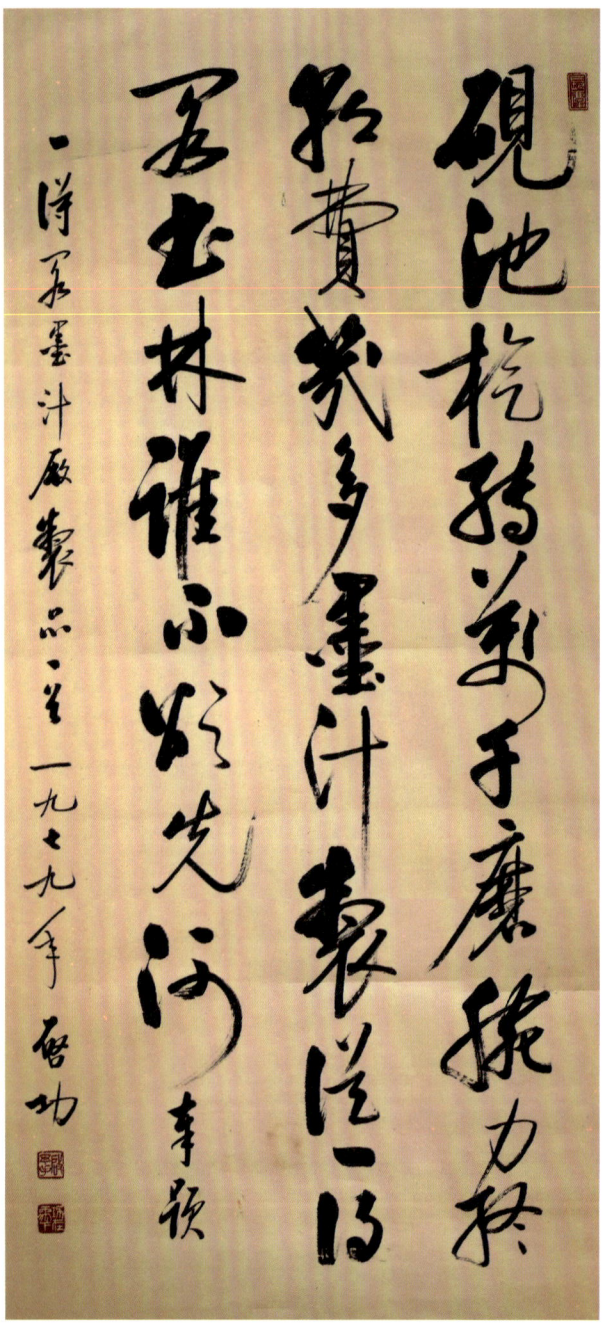

启功先生在一得阁试墨之后,对一得阁墨汁称赞道:"砚池旋转万千磨,腕力终朝费几多。墨汁制从一得阁,书林谁不颂先河。"

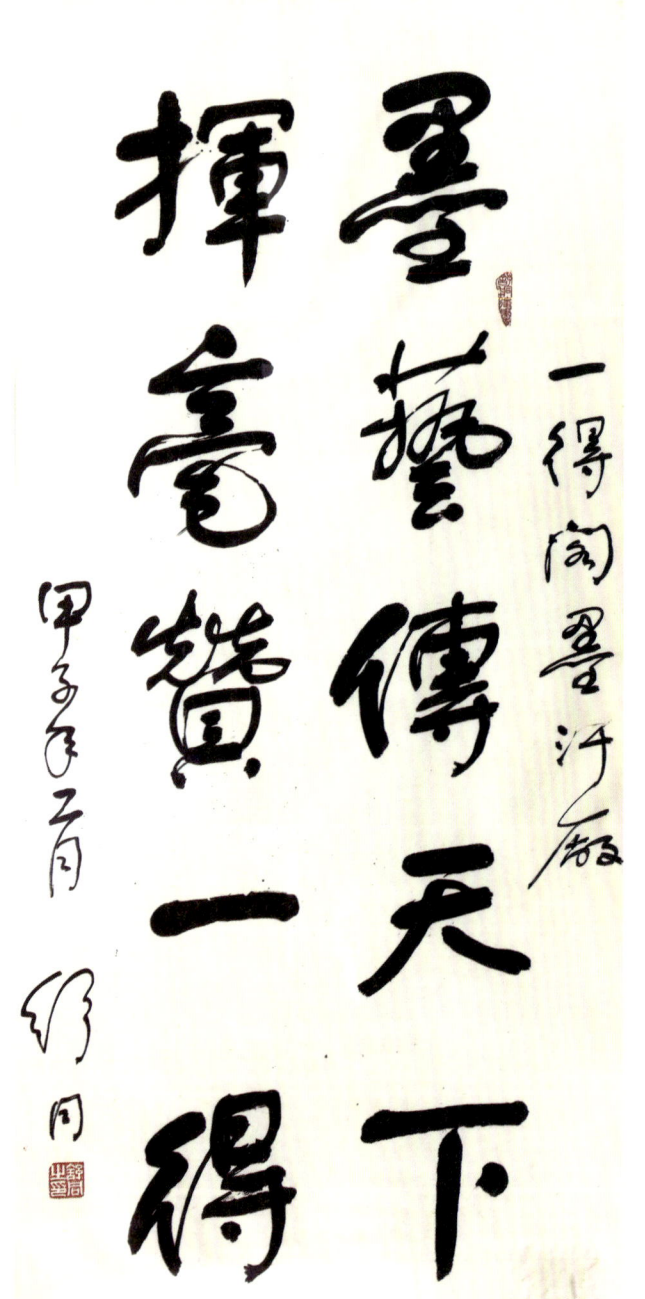

舒同先生亲临一得阁试墨,并留下墨宝"墨艺传天下,挥毫赞一得"

黄胄先生用一得阁墨汁所画作品《驴》

李苦禅先生用一得阁墨汁所绘作品《远瞻》，并评价一得阁墨汁："一得阁墨汁浓度适合，墨度以足，不滞不漆，用于书画咸宜，可比美昔年之松烟也。"

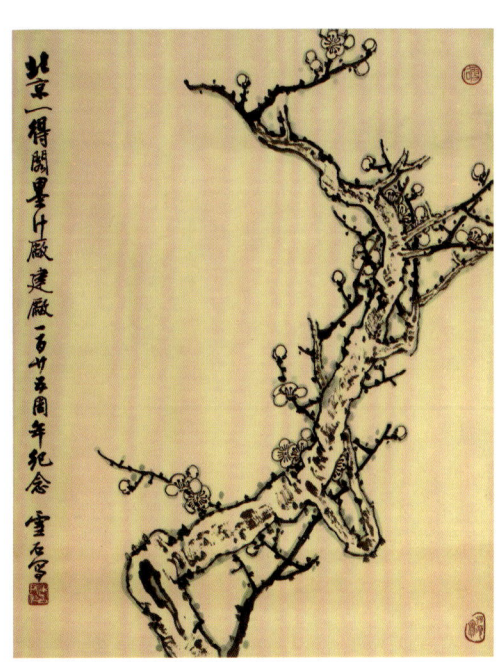

白雪石在一得阁试墨，并留下作品《白梅》

# 始创于1897年

商务印书馆于1897年2月11日创立于上海，创立之初以印刷业务为主，不久后设立编译所、印刷所和发行所，延请大批学贯中西的杰出人才加盟，成为中国现代出版业的开端。秉承"昌明教育，开启民智"的企业使命，商务印书馆开展以图书出版为中心的多种经营，极盛时期在海内外设有36家分馆，1000余个销售网点，出版的书刊占全国60%以上，成为亚洲最大的出版机构。"一·二八"事变中，商务印书馆作为中国文化教育大本营惨遭侵华日军破坏，在艰苦环境下，仍然坚持举起文化抗战和国家复兴的大旗，奋斗不懈。

新中国成立后，商务印书馆于1954年迁至北京，后成为中央级出版社。2011年改制为商务印书馆有限公司。

作为中国近现代出版事业的引路者，商务印书馆不断创造辉煌，成为当今中国民族出版的品牌标杆。建馆以来，出版图书5万余种，包括《辞源》《新华字典》《牛津高阶英汉双解词典》"汉译世界学术名著丛书""中华现代学术名著丛书"等代表性产品，多次荣获"国际白金星质量大奖""国家图书奖""百佳出版社""中国出版政府奖"等国内外大奖，被誉为"工具书王国""学术出版重镇"。

20世纪30年代商务印书馆总公司全景。这一时期商务印书馆发展规模雄踞亚洲第一，可与世界上任何大型出版社相媲美

位于北京王府井大街36号的商务印书馆大楼

商务印书馆京华印书局的排字车间（摄于1905年）

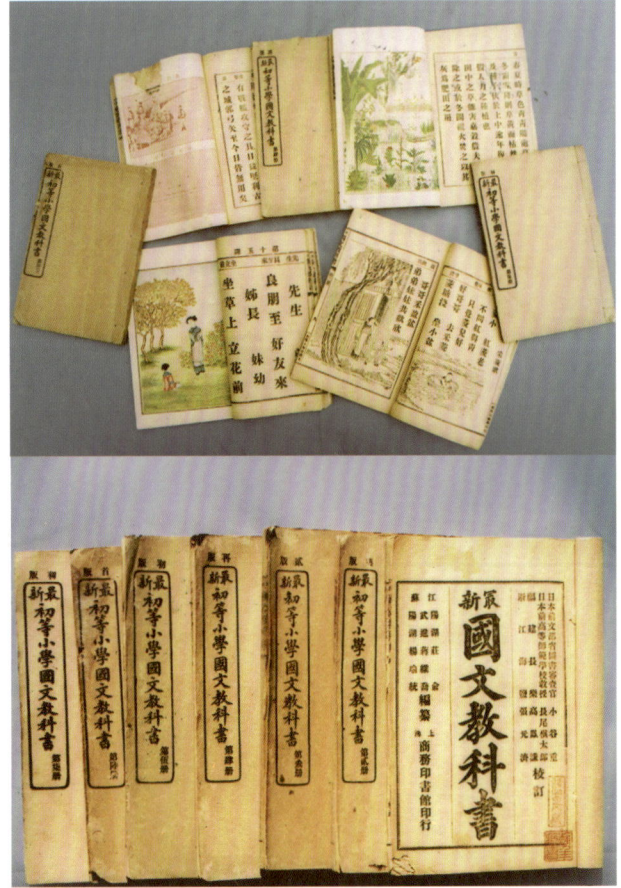

1904年商务印书馆出版的《最新国文教科书教科书》，是中国近代教育史上第一套新式教科书，开启了全民文化启蒙的新时代

数百年旧家无非积德
第一件好事还是读书

张元济

商务印书馆早期重要领导人之一张元济题字

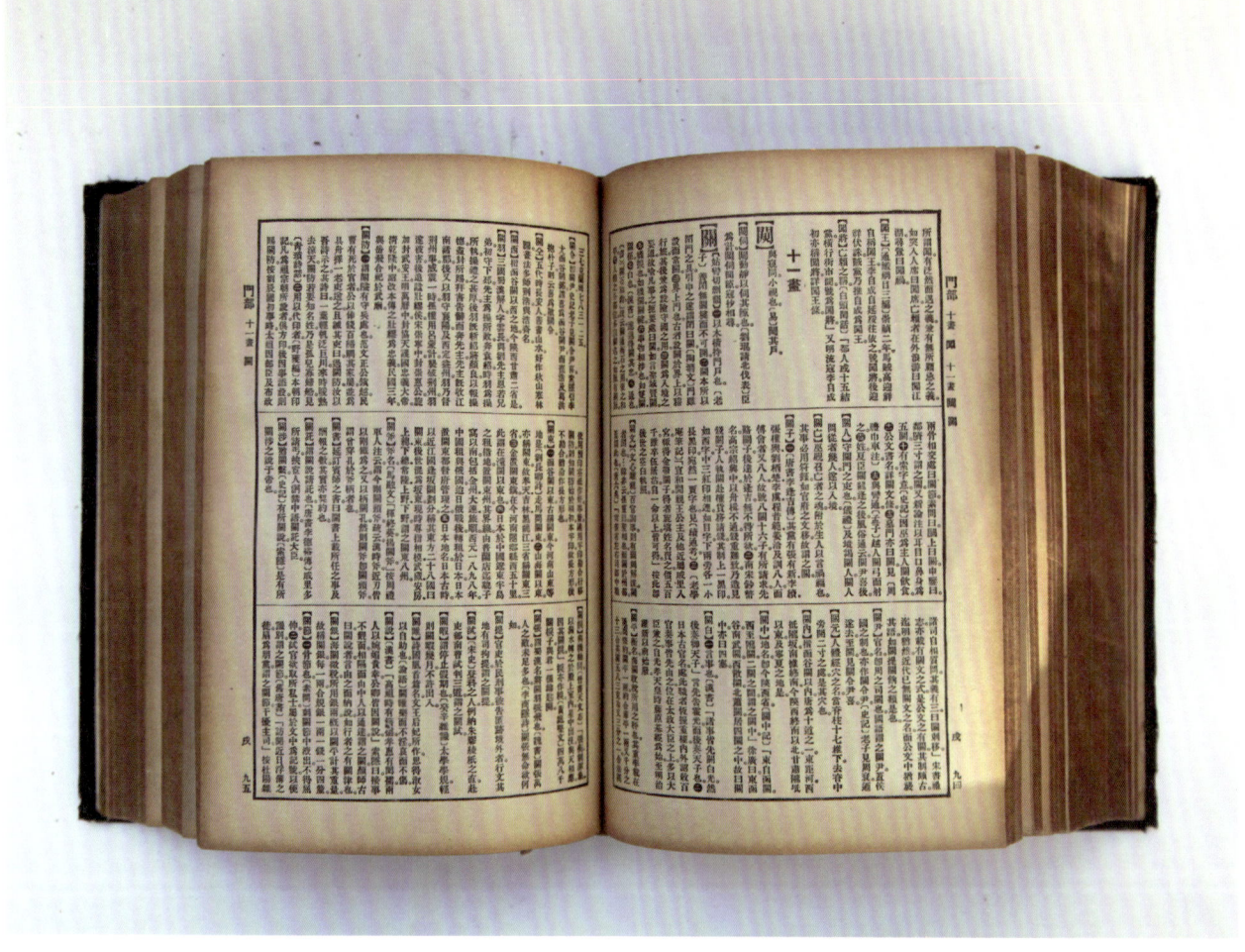

《辞源》是一部兼收古汉语语词和百科的大型综合性辞书，1915年作为中国第一部现代辞书诞生，满足了当时中国知识分子继承传统文化、学习新知识的需求。出版百年来，始终为民众搭起一座通往传统文化的桥梁。图为1915年商务印书馆出版的《辞源》正编初版

博古通今 经纬天地

2015年出版的第三版《辞源》

商务印书馆按原大、原色、原样印制出版的文津阁本《四库全书》。这是自《四库全书》问世以来的第一次"复原",作为中国文化最重要的标志性符号之一,不仅圆了百余年前商务人将其化身千百惠及学林的宏愿,而且对新时期弘扬中国优秀传统文化发挥了新的无可替代的作用。图为商务印书馆出版的原大原色原样文津阁本《四库全书》

《现代汉语词典》是新中国成立后出版的第一部规范型词典，由周恩来总理签署政府令交由商务印书馆出版，以确定词汇规范为目的，以推广普通话、促进汉语规范化为宗旨，至今出版至第7版，印行5000余万册

新华字典是新中国成立后出版的第一部现代汉语字典，也是迄今最有影响、最权威的小型汉语字典。承载深厚的大国文化，伴随几代国人成长，对中国的文化教育事业影响深远，为普及全民族的文化知识做出了重要贡献。至今出版至第11版，60余年印行近6亿册

# 始创于1900年

　　1900年，一位名叫詹远广的绘瓷高手来到北京琉璃厂地区，开启了京彩瓷的制作历史。清朝政府衰落后，原先专为宫廷烧制的官窑瓷器逐渐进入市场公开买卖。清朝内务府管理的北城瓷窑厂被琉璃厂的古玩商发现，里面存放着历朝历代筛选下来的未上釉彩的瓷胎，这种瓷器胎质、釉色、画面均精细质优，无论是品相还是质地都可比肩官窑，京彩瓷的雏形由此出现。辛亥革命后，随着京彩瓷的工艺逐渐丰富，制作群体进一步扩大，在民间的认知度也不断提高，京彩瓷行业逐渐形成。新中国成立以后，京彩瓷在统一管理下规范发展起来。1973年初，在广安门外南滨河路建起了较大规模的专业生产厂家——北京市工艺品厂。20世纪80年代，京彩瓷产销非常红火。21世纪初，北京市工艺品厂历经沉浮，几百人的规模缩减为二三十人，仅保留了少量项目。2008年工厂进行重组，在北京市工艺品厂的基础上成立了鼎盛陶琦（北京）艺术品有限公司。几年以后，京彩瓷产销逐渐面临收缩态势，人员所剩无几、公司也濒临关闭。2009年，在政府的扶持与关注下，京彩瓷制作技艺列入北京市非物质文化遗产名录。2012年企业注册商标名称"京彩瓷"。2014年公司名称正式更名为居仁堂京瓷（北京）文化有限公司。

　　京彩瓷传承脉络清晰、用料考究、工艺独特，自然中尽显高贵与典雅，享"南有广彩，北有京彩"的美誉。作品在国际、国内屡获大奖，并多次作为国礼赠予外国政要，部分珍品被多家博物馆及知名人士永久收藏。

京彩瓷近照（摄于2016年）

京彩瓷第三代传承人余观保大师（中）为车间年轻技师做技艺指导（摄于 2008 年）

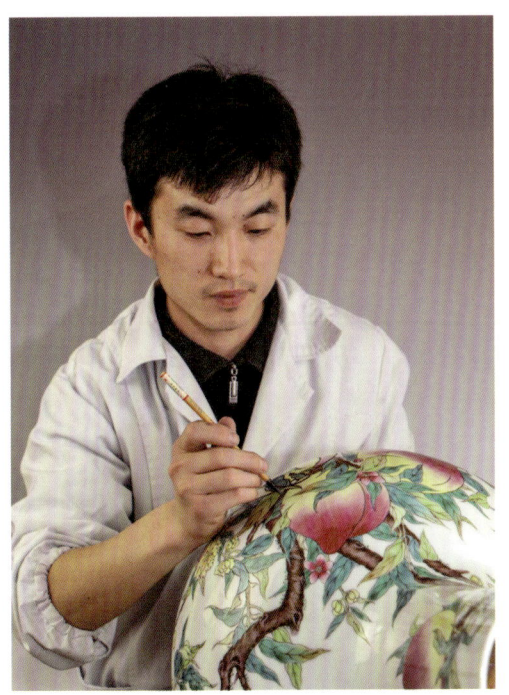

京彩瓷第五代传承人徐立宾正在为"粉彩九桃瓶"作品描图

京彩瓷第五代传承人杨雪正在绘制"千古第一瓷"粉彩百鹿尊

北京工艺美术大师、京彩瓷第四代传承人白莉细致挑选所绘作品瓷胎

白莉为《粉彩百鹿尊》作品勾勒线条

## 京彩瓷的制作

流程包含大大小小上百道工序，但是总结下来分为选胎、勾线、填色、落款和烧窑五大步骤。

### 第一步：选胎

作图之前的一个重要环节就是选胎，要选择有历史年代特点的优质白胎，或根据创作需要，选择有时代特点的白胎。

### 第二步：勾线

用珠明料或矾红进行勾线。宜先画红色，后画黑色，如画人物先用麻色画手脸，后用烟黑画眉眼、须发；画碗、盘类一定要注意先后顺序，预防黏沾，保证画面的质量；缸与瓶类品种，画面是通景的，可直接绘制画面。

### 第三步：填色

填色作品彩绘好后，一定要等油分充分发挥干透后才可填色。填色的方法可分为三种：平填法，即按设计与样品的要求，在不同的画面上平涂上各种不同的水颜色。罩填法，在一种色面上，再罩以另一种颜色，谓之"罩色"。这种方法可丰富彩色的层次，增加厚重感。接填法，常用于山石、树木、叶子的填色技法。它是将两种以上不同的颜色，填在画面的同一部位，使之相互衔接，过渡要求均匀。

京彩瓷填色师罗静用矿石釉料为作品填色

### 第四步：落款

根据作品的需要，在画面或瓷胎的适当位置上，题写落款和印章。一是官窑的年代款，包括图记款。一是"京彩瓷"的统一印章。两种款识全部要求书写得当、整齐。

### 第五步：烧窑

影响彩料色泽等的关键是窑温。彩料不同，窑温要求也有差别，所以还要选择适当的升温速度并较好地控制烘烧时间。烧制温度一般在730—800摄氏度。烧彩要求温度适合，升温曲线合理，不可欠火，也不可过火。

京彩瓷技艺人员正在题写底款

京彩瓷烧窑高级技师李建强将作品放在窑炉中等待烧制

"珐琅彩四君子杯"瓷质细润、釉色晶莹、色调纯正、浮雕浓郁,尽显皇家雍容华贵

"美丽西城套壶"表现力丰富,艺术表达独特

"古彩锦上添花笔筒"红绿搭配,呈色明朗富丽,形象夸张,线条刚劲有力

"粉彩百鹿尊"纹饰华丽繁缛,笔绘生动细腻,鹿取百态,色彩雅致

原汁原味北京老字号文化及工艺美术篇

050

"粉彩八宝葫芦瓶"釉面温润典雅,纹饰描绘精致,施彩艳而不俗

ORIGINAL TASTE AND FLAVOUR
TIME-HONORED CULTURE AND CRAFT IN BEIJING

"墨彩观音大盘"工笔绘画,金线勾勒,色彩效果柔和雅致,清韵无限

# 始创于1904年

　　成文厚起源于山东济南，1904年由一位姓刘的商人开办。最初是经营笔砚、课本、农村读物等商品的小店铺，由于当地同行不多，因此生意比较好做，业务发展很快。此后成文厚的生意又渐扩展到山东的龙口、烟台以及辽宁的营口等地。20世纪30年代初，成文厚的买卖愈做愈大，哈尔滨、吉林、丹东等地都相继出现了成文厚分号，而北京成文厚则是1935年由吉林成文厚老板刘显卿帮助其子刘国梁开设的，称为"显记成文厚"。由于办店得法，成文厚逐步形成了专营图书、文具的专业店。

　　为了改变我国传统的条子账，20世纪30年代初，北京得泉簿记学校校长贾得泉先生出版了《改良中式簿记》一书，第一次介绍了科学的复式记账方法和借贷式账簿的样式。

　　成文厚老板刘国梁和账房先生刘培森等人当即抓住时机，与该书作者贾得泉先生合作，设计了一套以科学的复式记账法为依据的借贷式新式账簿。1936年首次推出，很快得到了社会公认，使我国账簿的形式发生了根本性的变化。这时成文厚的买卖愈加兴隆，资本也越来越雄厚。

　　1946年，成文厚迁至西单北大街。这时成文厚出售的账簿以其样式新、质量优、信誉高而誉满京城，在全国的知名度逐渐扩大，素有"北账"之称。为了保持成文厚账簿的信誉，该店老板还精心设计了燕飞大地图形的"燕京牌"商标，标志着成文厚的业务蒸蒸日上，呈飞跃发展之势。

　　新中国成立后，成文厚发展很快，成为一家较大的私营企业。1955年11月，成文厚成为北京市首批公私合营企业。1978年后，成文厚又有了更大发展，营业场所由过去的单一门店，扩大为专门经营账簿、卡片和批发的三个门店。1980年，成文厚在原址进行了翻建，同时恢复了老字号。末代皇帝溥仪的胞弟溥杰先生和著名书法家王遐举先生先后为其题写了门匾，使店堂更加增色添彩。

民国三十八年九月（1949年9月）颁发的成文厚营业证

北京成文厚创始人刘国梁（1985年翻拍）

成文厚老员工在成文厚店前合影（摄于 1952 年）

成文厚店外景（摄于 20 世纪 80 年代）

成文厚北京西四店大堂（摄于 2019 年）

成文厚以会计账簿、凭证单据、文化办公用品为其专业特色，目前的经营产品超过2000种，图为部分产品合集

成文厚精装会计账本系列，做工精细，广受赞誉

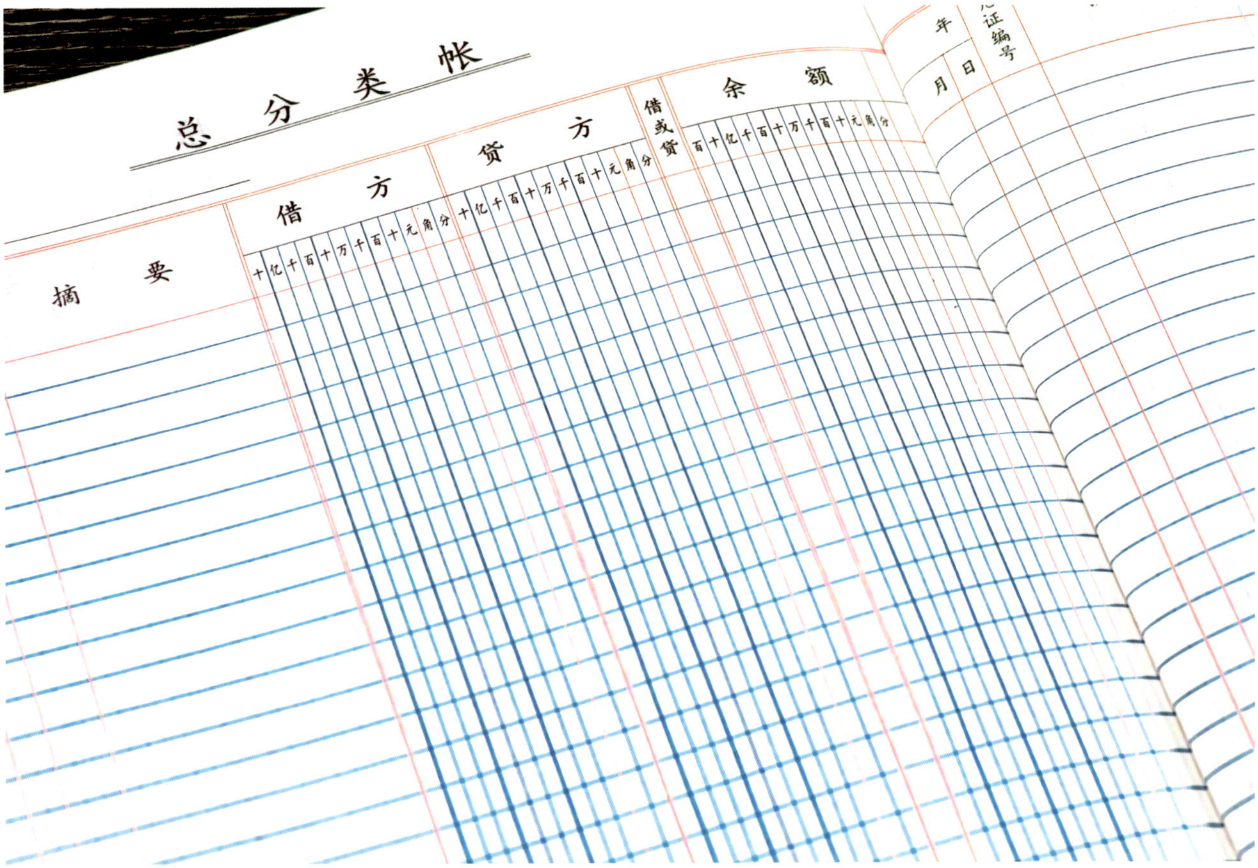

1936年首次推出的成文厚的三色划线账本，因其质量优质，受到了顾客的欢迎与赞誉

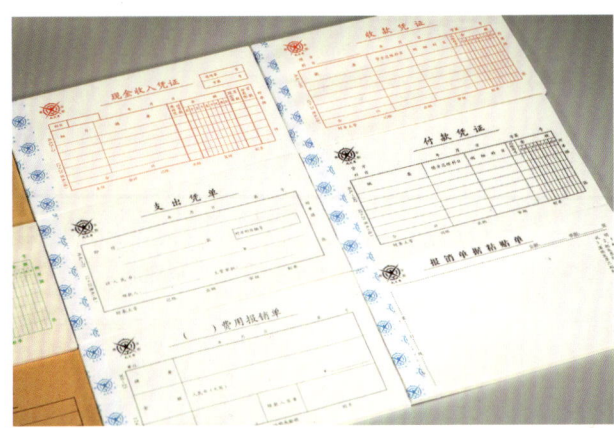

成文厚财务凭证系列产品，品种丰富，使用方便

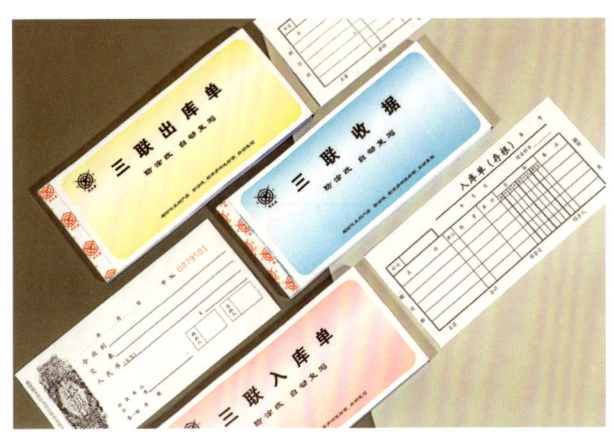

成文厚无碳复写系列产品，复写清晰，使用方便，广受欢迎

## 始创于1912年

民国元年（1912），河北枣强县人高立香在崇文门外上头条1号租用了一间小门面，开设了福和恒五金店，主要经营铜铁五金材料、五金工具等商品。经过八年的苦心经营，福和恒五金店的资本翻了几番，高立香也开始购置原材料，自主进行五金加工，生产五金产品。同时，通过设在在天津、上海的外国洋行对外经营，进行五金用品的大宗批发生意。

新中国成立后，福合恒五金店改名为福合恒馨记五金行。1956年，福和恒馨记五金行参加了公私合营，与当时位于北京崇文门的其他五金商店合并，改名福和恒五金商店，但是在随后几年逐渐没落，直至消失。2009年，当时的北京市宣武区政府文创办公室为了大力推进文化创意产业的复兴，制定了老字号恢复工程，"福和恒"由此开始重新焕发生机。福和恒以传统工艺、传统产品为基础，结合现代时尚前沿元素为顾客打造展现出具有民族历史特色兼现代实用性于一体的家居五金产品，深受广大消费群众喜爱。

国家级非物质文化遗产乌铜走银技艺传承人杨智闳

福和恒出品乌铜走银龙纹工艺壶

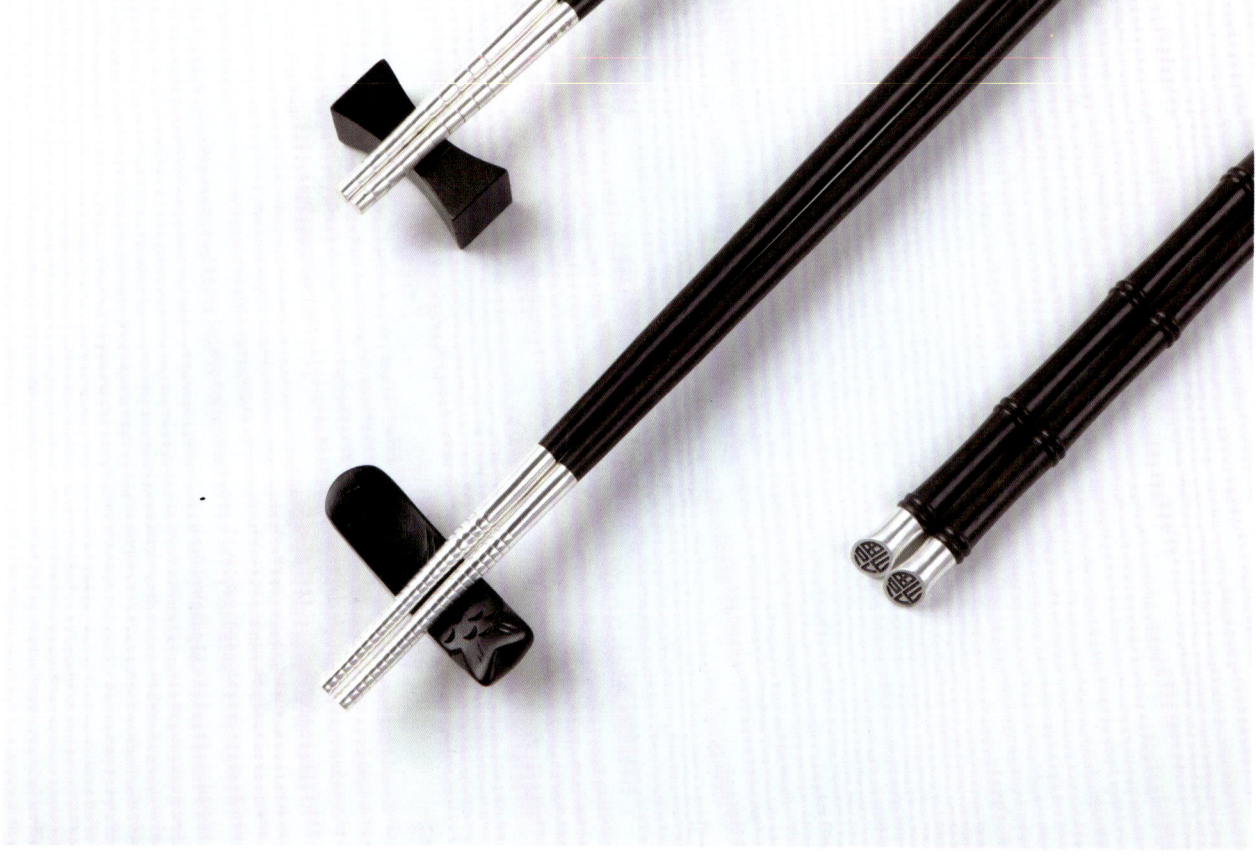

福和恒包芯银筷

福和恒梅兰竹菊镶金筷

福和恒乌铜走银工艺手串

# 戴月轩

## 始创于1916年

北京戴月轩湖笔徽墨有限责任公司的前身是北京戴月轩湖笔店，坐落在东琉璃厂文化街73号。戴月轩以前店后厂模式，生产"戴月轩"品牌毛笔，经营以湖笔为主的文房四宝近千种商品，在京城颇负盛名。

戴月轩湖笔店创建于民国五年（1916），创始人姓戴名斌，字月轩，湖州善琏镇人。戴月轩所制的毛笔都具有笔之"四德"，即"尖、齐、圆、健"的特点——"提而不散、铺下不软、笔锋尖锐、刚柔兼备"，深受书画同人的认可和喜爱，在制笔行业享誉盛名。"戴月轩湖笔制作技艺"被列入北京市非物质文化遗产保护项目名录。

戴月轩传承百年湖笔技艺，一代代薪火相传，长盛不衰，无数的文人墨客、书画大师喜用戴月轩毛笔，并留下了诸多佳话。新中国成立后，戴月轩为毛泽东、周恩来、彭真等老一辈革命家定制毛笔，并赢得"中华老字号""中国商业名牌企业""北京市著名商标""国之宝——中国十大名笔"等诸多荣誉。

戴月轩老址旧照（摄于20世纪50年代）

戴月轩位于琉璃坊东街的门店现址（摄于2019年）

戴月轩目前仍然保留前店后厂的经营模式,在琉璃厂东街的店后便是琉璃厂的"笔坊"。笔坊门口用小篆书写着一副对联,上联为"颖毫纯净玄首积润",下联为"聿师竭巧彤管含烟",记录了毛笔制作的过程,选取最好的毛,巧手的师傅将这些毛制作成毛笔。这幅对联上的内容是由一副古对联逐渐演变而成

创始人戴月轩本人照片

戴月轩笔坊内部,师傅们正在制作毛笔

## 戴月轩湖笔

戴月轩湖笔的制作技艺流程共分为设计、选料、配料、拔毛、水盆、结头、蒲墩、装套、择笔、刻字十个主要工序,每道工序又有若干小工序,因此制作一只毛笔共需要经历大大小小一两百道工序。由于毛笔的制作工序是一项艰苦细致的技艺,因此唐代诗人白居易曾经以"千万毛中捡一毛"和"毛虽轻,功甚重"来形容制笔的精细与复杂。

### 水盆

毛笔制作中盆工序里的梳理笔毛的环节

毛笔制作中水盆工序里去绒的环节

毛笔制作中水盆工序里的齐材子环节,图中所使用的工具材子板为牛骨,距今已经有一百多年的历史了

### 结头

毛笔制作中的结头工序

### 择笔

毛笔制作中的择笔工序

刻字

戴月轩第二代传承人李树元在进行毛笔刻字的照片（摄于20世纪50年代）

戴月轩第五代传承人、北京市西城区区级非物质文化遗产传承人滕占敏制作湖笔

戴月轩第五代传承人、北京市市级非物质文化遗产传承人、北京老字号工匠王后显制作湖笔

原汁原味北京老字号文化及工艺美术篇

戴月轩于1918年出品的嫩锋净羊毫,笔杆上所刻文字为"民国七年即戊午仲春韵夫制于燕京,戴月轩精选,嫩锋净羊毫"

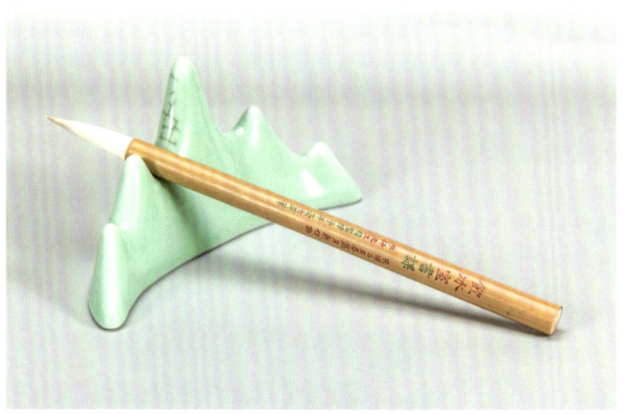

1925年戴月轩所制的精制陈净羊毫大屏笔,笔杆上刻"饮冰室书课,民国乙丑春戴月轩仿勒少仲先生精制陈净羊毫大屏笔"

黑漆描金云蝠纹主纹饰象牙雕刻笔斗紫毫大斗笔,是戴月轩的制笔师傅仿故宫明代藏笔之作。此笔出锋5厘米以上,在制作上结合了多种非遗工艺,是收藏级艺术作品

ORIGINAL TASTE AND FLAVOUR
TIME-HONORED CULTURE AND CRAFT IN BEIJING

1951年戴月轩为《关于和平解放西藏办法的协议》而制作的签字笔及竹笔

戴月轩第五代传承人王后显所制作的毛笔

# 始创于1920年

　　1920年，宏音斋的创始人清代贝勒吴启瑞在良乡城里北大街创办了"宏音坊"乐器制作作坊。

　　1927年，吴启瑞之子吴文明继承父业，将宏音斋迁至北京宣武门外东市场27号（今西城区庄盛百货商场位置）创办了前店后厂的乐器制作工坊，前店是销售乐器的商铺，命名为"宏音斋"，后店是一个生产乐器的制作工坊，依然叫"宏音坊"。

　　1956年，在吴文明之子吴仲孚先生的发起下，"宏音斋"联合三家同行，组建了中国第一家乐器生产合作社，后更名北京民族乐器厂。20世纪80年代初，吴仲孚先生成立了"仲孚修理部"，为演奏家们提供修理乐器的服务，"吴氏管乐"逐渐名声在外。随后，"仲孚修理部"改名为"吴氏管乐社"。同时"吴氏管乐器"注册了"宏音斋"的商标。2011年，"宏音斋笙管制作技艺"先后被列入海淀区区级非物质文化遗产、北京市市级非物质文化遗产、国家级非物质文化遗产名录，2017年被北京老字号协会认定为"北京老字号"。

宏音斋位于北京市海淀区的店面典藏馆

宏音斋的乐器展示柜，里面收藏了中国各少数民族、各门派及不同宗教使用的乐器

宏音斋第一代创始人吴启瑞先生（摄于1926年）

宏音斋第二代传承人吴文明先生（摄于1950年）

宏音斋第三代传承人吴仲孚先生正在制作传统管子（摄于1989年）

宏音斋第四代传承人吴来顺先生（右）、吴景馨女士（中）、吴彤先生（左）共同研发多种民族管乐器，吴景馨女士被授予"北京老字号工匠"

唐筝和唐笙是在唐朝时期流传到日本的，现藏于日本正仓院。宏音斋通过对古籍文献的整理与挖掘，按照正仓院所藏原件进行了同比例复原。复原后的唐筝和唐笙目前只在宏音斋和中国音乐学院存有

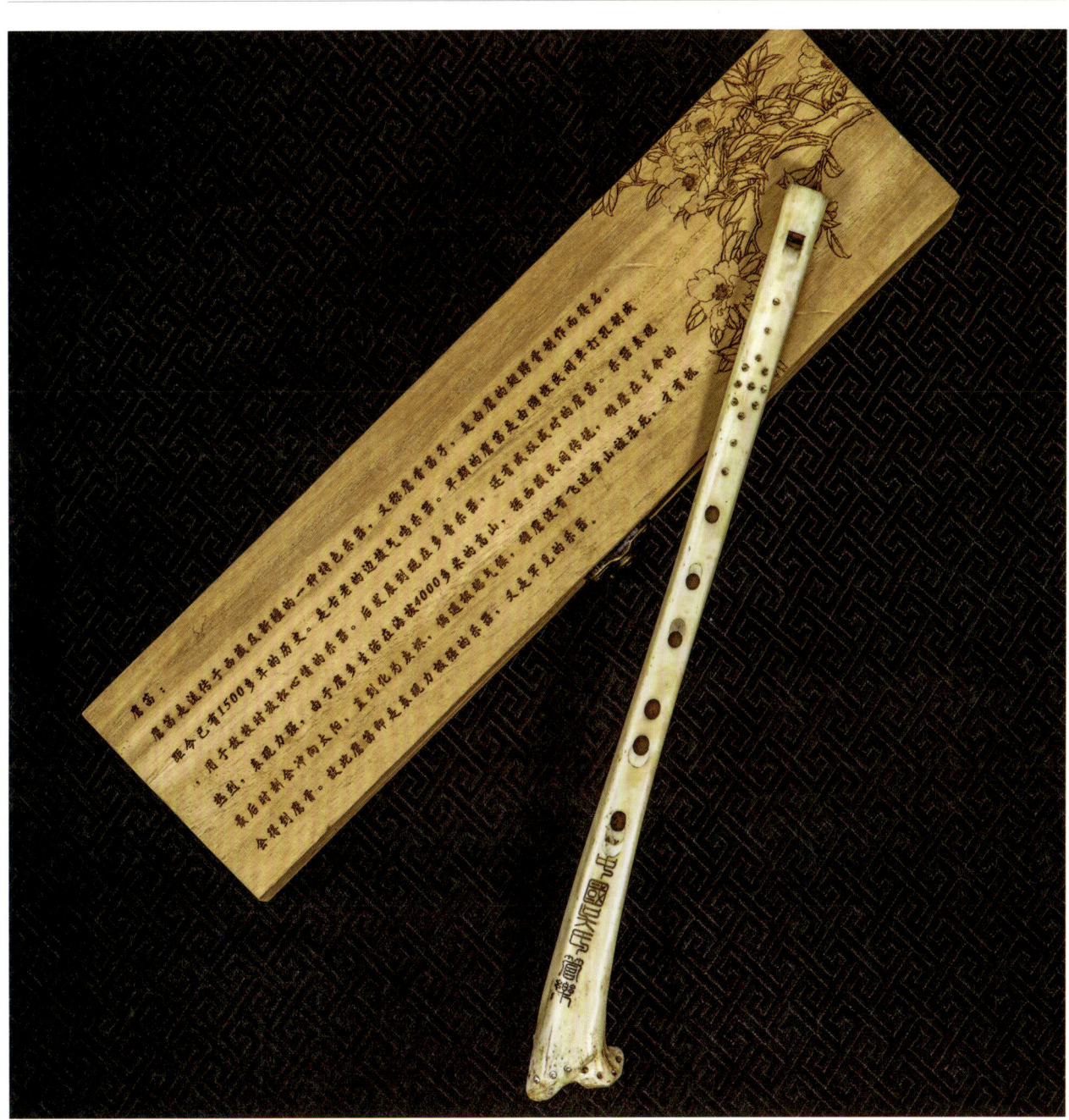

鹰骨笛,是用鹰的翅膀骨做的笛子,使用于中国的内蒙古、新疆和西藏地区。传说鹰在死亡的时候,会冲着太阳飞,因此很难寻得其尸骨,只有在一些极端天气情况下才会遇到。此外,鹰骨笛的制作工艺非常复杂,再加上材料稀缺,因此十分珍贵

龙凤笛、勾笛、排箫、吴竹笙等乐器都是 20 世纪 80 年代发现的敦煌壁画中飞天伎乐手持的乐器，目前均已失传。宏音斋对这些乐器均进行了复原，使这些古乐器得以重生。图为宏音斋复制的龙笛与凤笛

2008年，宏音斋第四代传承人吴景馨与上海音乐学院的作曲家们，到海南黎族聚居区为黎族复制复原当地的乐器，并将制作工艺流程全部标准化，取材均来自于当地。图为宏音斋复制的海南黎族乐器

20世纪60年代，吴仲孚先生研发、制作了第一只加键唢呐，解决了在乐团演奏的时候，需要换唢呐才能转调的问题。加键唢呐的出现标志着中国的管乐开启了交响化和现代化的时代。图为高音、中音、次中音、低音、倍低音加键唢呐

第八代低音排笙。笙代表中国人的四种精神，和、德、清、正

## 始创于 1930 年

萃文阁创建于 20 世纪 30 年代初期，是一家专门研究和经营印章材料、提供专业篆刻服务的商店，由已故著名篆刻书法家魏长青所创办，原址在廊房头条劝业场，后迁到琉璃厂，现坐落于北京琉璃厂文化东街 60 号。魏长青在经营萃文阁时，率徒研究出石料抛光上亮和制作八宝印泥的技术，加之精湛的金石篆刻艺术，使萃文阁名声大振。

修建人民英雄纪念碑时，魏长青和徒弟徐焕荣（柏涛）、李文新（石夫）用高压喷射矿砂法，在花岗岩碑体上快速、整齐、逼真地将毛泽东、周恩来书写的碑文题字放大、再现在碑体上，赢得一致赞誉。20 世纪 70 年代，徐焕荣先生将一对田黄冻石雕刻而成的精美印章无偿捐赠给了故宫博物院，填补了故宫博物馆缺少近代印章雕刻珍品的空白。

萃文阁已被认定为"中华老字号""北京老字号"。2010 年萃文阁的"金石篆刻""铜印印钮"被列入区级非物质文化遗产保护名录。

萃文阁老店照片（摄于 1962 年）

萃文阁位于琉璃厂东街 60 号的现址（摄于 2019 年）

萃文阁的创始人魏长青先生（右二）与他的三个徒弟正在交流技艺（左图）

萃文阁艺术家徐焕荣（柏涛）先生

萃文阁艺术家李文新（石夫）先生

萃文阁老艺人刻制的牛角水印

萃文阁珍藏的寿山石章

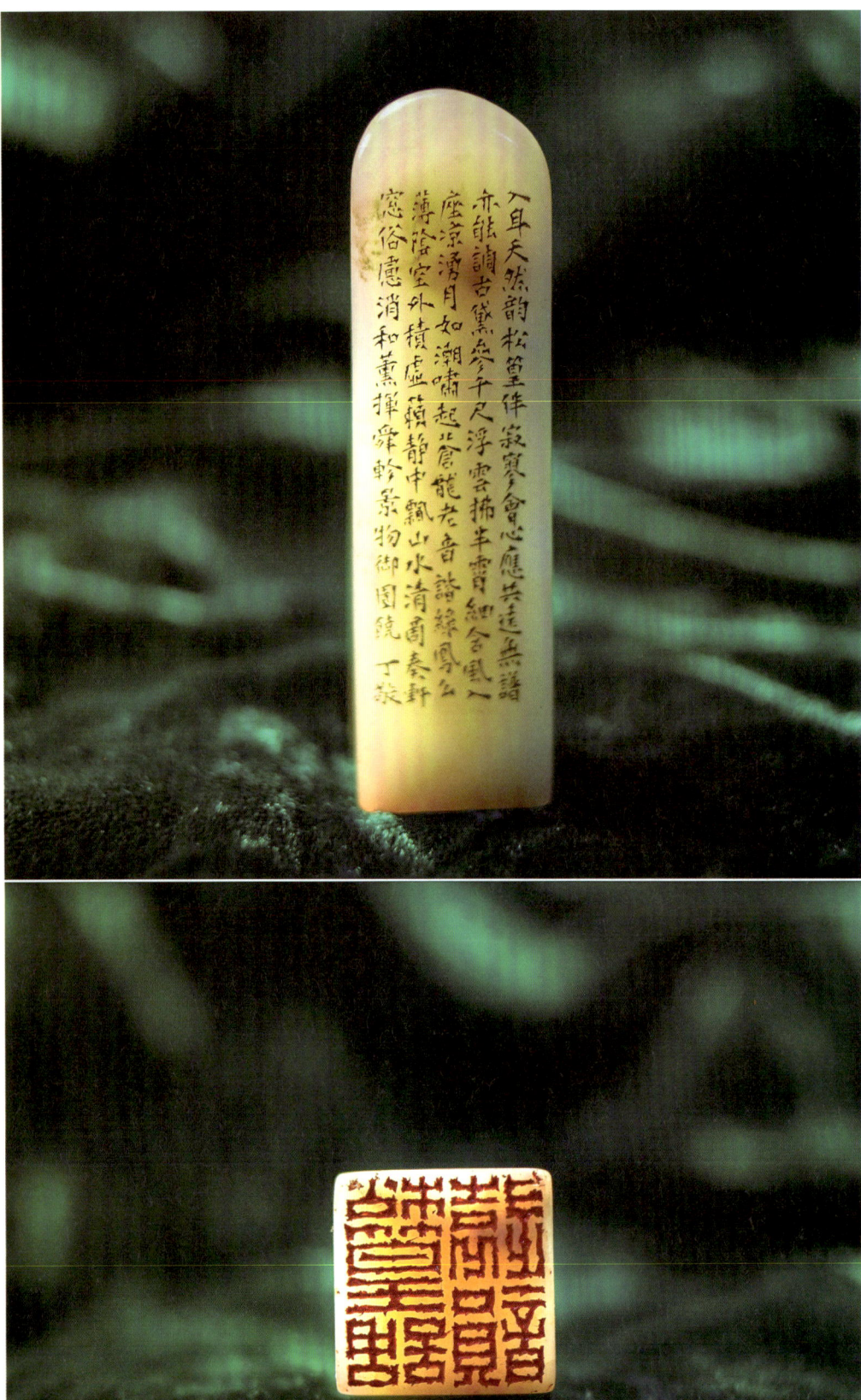

萃文阁珍藏的清代治印名家、西泠八家之首——丁劲治印

博古通今 经纬天地

萃文阁珍藏的印石名品——鸡血石章料

# 始创于1949年

　　北京星海钢琴集团有限公司的前身是成立于1949年6月1日的位于东单冰渣胡同5号小楼乐器工厂的"人民艺术服务社",创建人是陈艾生、王来安和何汇泉。1950年,"人民艺术服务社"更名为"新中国乐器厂",同年生产出了第一台国产钢琴。1953年,新中国乐器厂易名为"北京钢琴厂",同年钢琴、风琴、提琴、手风琴已成为企业的主导产品;1954年,5.5英尺的三角钢琴开始正式投产,这是新中国自主研发制造出的第一架卧式钢琴。1956年,"星海"牌商标正式启用,新中国的第一批钢琴,即"星海"牌钢琴开始出口到东南亚和芬兰等国家和地区。2004年,北京星海钢琴集团有限公司成立。2008年,星海钢琴作为唯一指定用琴、现场演奏用琴,为2008北京奥运会、残奥会开闭幕式增辉,为中国钢琴业争光。

　　2011年,星海钢琴被认定为"中华老字号"。2017年,星海钢琴被北京老字号协会认定为"北京老字号"。

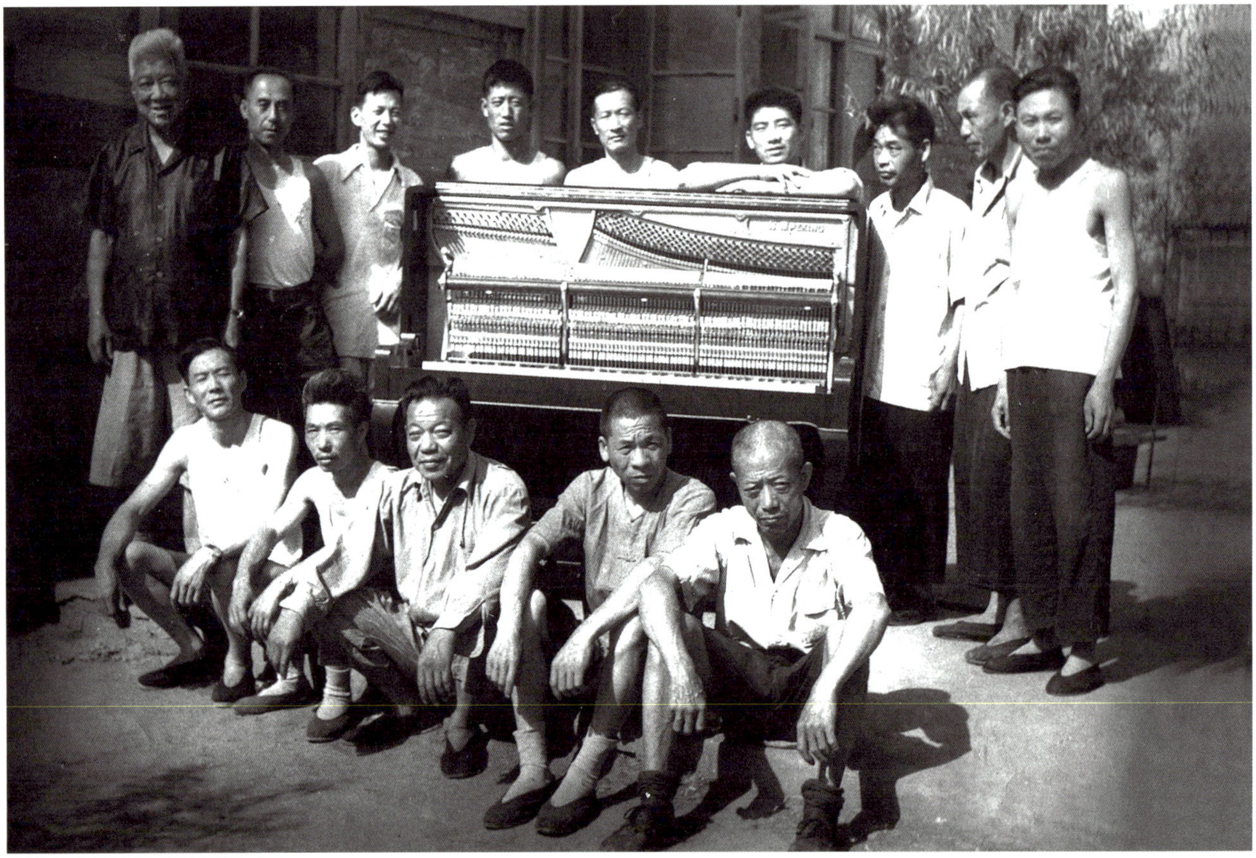

1950年星海生产出新中国第一台国产钢琴

星海钢琴集团公司前身北京市乐器厂（摄于1959年）

1957年星海生产了第一台竖琴

1987年3月18日晚，"星海钢琴音乐会"在北京音乐厅举行，音乐会全部采用国产星海牌钢琴演奏

1959年，星海人仅用了80多天的时间，就自行设计、制造了至今世界最大的、也是全球唯一一架星海牌十五英尺（1英尺≈0.3048米）超大型三角钢琴，并把它作为国庆十周年的献礼，送到了新建成的人民大会堂

星海东门近照

星海总装车间（摄于 2005 年）

人民大会堂里的星海十五英尺大型卧式钢琴

原汁原味北京老字号文化及工艺美术篇

星海 AG-286 型三角钢琴通过严格筛选，入驻中国最高音乐殿堂"国家大剧院"作为演奏用琴，成为比肩世界顶级钢琴的唯一国产品牌

ORIGINAL TASTE AND FLAVOUR
TIME-HONORED CULTURE AND CRAFT IN BEIJING

博古通今 经纬天地

万众一心·华梦国琴 70 周年纪念版钢琴，为庆祝建国 70 周年，以人民大会堂的万人大礼堂穹顶为主创元素，认知度高、感染力强。作为新中国第一家钢琴厂，与祖国同龄，与祖国同庆

# 始创于 1949 年

南新仓是明清两代京都储藏皇粮、俸米的皇家官仓，明永乐七年（1409）在元代北太仓的基础上起建。现保留仓廒九座，是全国仅有、北京规模最大、保存最完好的古仓廒群。

南新仓在民国时被改作军火库。新中国成立后，南新仓是隶属于北京市百货公司的日用百货商品仓库。北京市百货公司是 1949 年北平和平解放后最早建立的国营商业公司。1993 年 10 月，北京市百货公司被认定为"中华老字号"。

2004 年 7 月，北京市百货公司改制组建了北京南新仓商贸有限公司，由商品经营转为资产经营。南新仓也继承了北京市百货公司的老字号品牌，2014 年 6 月，南新仓被北京市老字号协会认定为首批"北京老字号"。

为了对文物进行合理的保护、弘扬与再利用，2003 年以来，将南新仓文物仓廒修旧如旧，构成与古仓廒风格一致的历史文化环境，并与南新仓商务大厦有机融合，在挖掘传承南新仓历史文化基础上，打造出全市首家由企业主办的时尚高雅、独具魅力的特色商业街区。

南新仓旧照（摄于 20 世纪 80 年代）

南新仓休闲文化街北门（摄于 2017 年）

南新仓文化休闲街东门（摄于 2017 年）

南新皇家粮仓（摄于 2008 年）

南新仓仓墙（摄于 2017 年）

2010年首届南新仓旅游产品设计大赛特等奖作品——五谷丰登（陶塑）

# 中国书店

## 始创于1952年

中国书店是1952年11月4日成立的新中国第一家国营古旧书店，现地址位于北京市西城区琉璃厂东街115号。经过60余年的发展，传承北京古旧书业文脉的中国书店已成为全国最大的古旧书实体店。2018年底，中国书店改制为中国书店有限责任公司。

中国书店有限责任公司经营业务涵盖古旧书收购、修复、售卖，图书出版、发行，书刊资料拍卖以及书画、艺术品经营等多元业态，经营图书品种以新印古籍、文史艺术为主，拥有完备的古旧书业务产业链。"肄雅堂古籍修复技艺"先后被列入北京市级非物质文化遗产、国家级非物质文化遗产名录，为国家公藏单位、国家图书馆、北京图书馆以及国家和北京的学术研究机构修复了数以万计的珍贵古籍善本。

中国书店邃雅斋书店旧照（摄于20世纪60年代）

中国书店前门书店旧照（摄于20世纪70年代）

中国书店前门店（摄于2019年）

博古通今经纬天地

中国书店特色古籍店堂

雷梦水先生，中国书店店员，古籍专家。编辑有《中华竹枝词》六册。校补伦明《辛亥以来藏书纪事诗》。雷梦水的手稿现被北京图书馆珍藏

中国书店老专家张宗序先生，国家级古籍专家，先后培养了众多古旧书从业人才

中国书店古籍修复老专家王志鹏先生，从事古旧书行业七十余年，曾修复、整理线装古籍三百余本，数十万部册，根据亲身实践经验编写的讲稿《古籍装订修补常识简介》成为古旧书点广大从业人员的必读资料

## 古籍修补

　　古书、线装书的装订修补是一项极为细致的工作。由于人为的损坏或鼠咬、虫蛀、风化、水湿、火烤等原因，古旧书刊很多是残损本，尤其是历史久远的珍善本古籍，往往破烂不堪，有的甚至失去原貌。修补一本书要经过配旧皮旧纸、补破页、溜口、裱糊、喷水倒平、衬纸、捶平、齐栏、订本、打眼订线、包角等十几道工序，一招一式颇为讲究，这一技艺被称为古旧图书的"续命汤"。

### 溜口

中国书店国家级传承人汪学军正在对古旧书籍进行"溜口"

### 补破

中国书店北京市西城区区级传承人刘秋菊正在进行"补破"

### 补虫蛀

中国书店北京市西城区区级传承人徐晓静正在"补虫蛀"

### 捶平

中国书店琉璃厂店古籍修复的"捶平"工序

博古通今 经纬天地

093

中国书店北京琉璃厂店珍藏的古籍

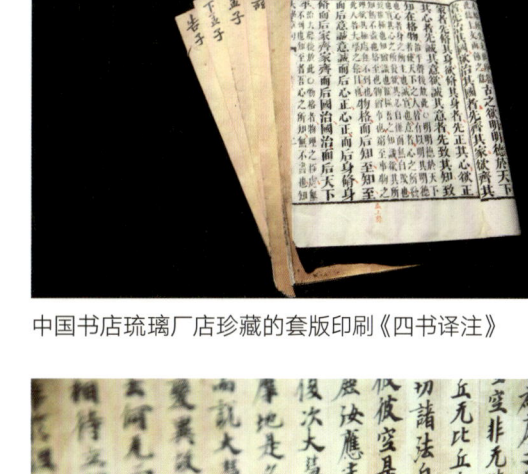
中国书店琉璃厂店珍藏的套版印刷《四书译注》

中国书店琉璃厂店珍藏的《十竹斋画谱》

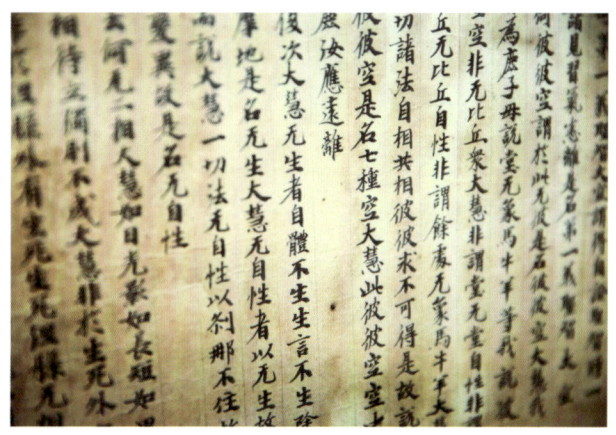
中国书店琉璃厂店珍藏的抄写于唐代的经文

ERUDITION AND SCHOLARSHIP

原汁原味北京老字号文化及工艺美术篇

094

中国书店出版的《红楼梦程甲本》。程甲本是最早的《红楼梦》木活字印本，亦是最早的百廿回本，然而由于程甲本采用木活字形式印刷，印量不多，传至今日已非常罕见。中国书店的这部程甲本为清末著名藏家杨继振收藏的影印版，流传有序，保存完好，且书中有诸多藏书印和朱笔批改，保留了大量的历史传承信息，对后人研究《红楼梦》具有很高的参考借鉴价值，为近年来发现的《红楼梦》诸版本中极为突出的藏本

ORIGINAL TASTE AND FLAVOUR
TIME-HONORED CULTURE AND CRAFT IN BEIJING

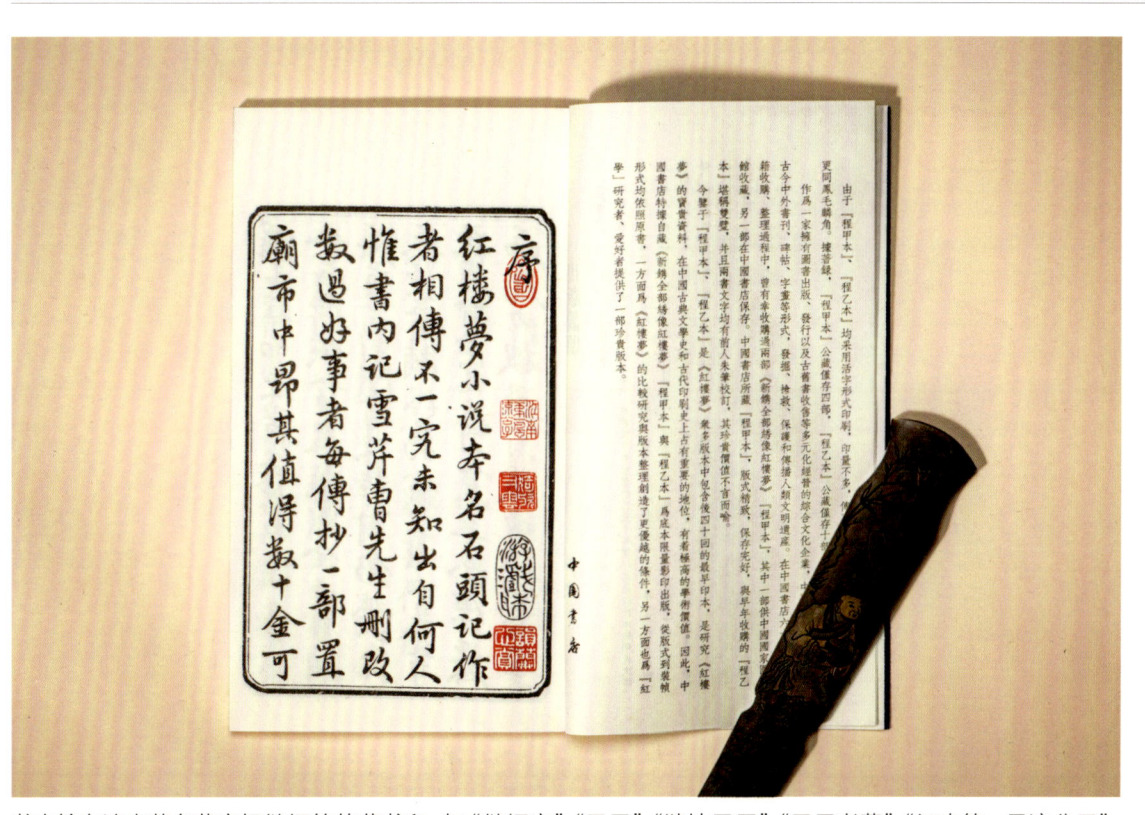

书内钤有清末著名藏家杨继振等的藏书印,如"继振章""又云""猗欤又云""又云考藏""江南第一风流公子"等印章,说明该书曾为杨继振收藏

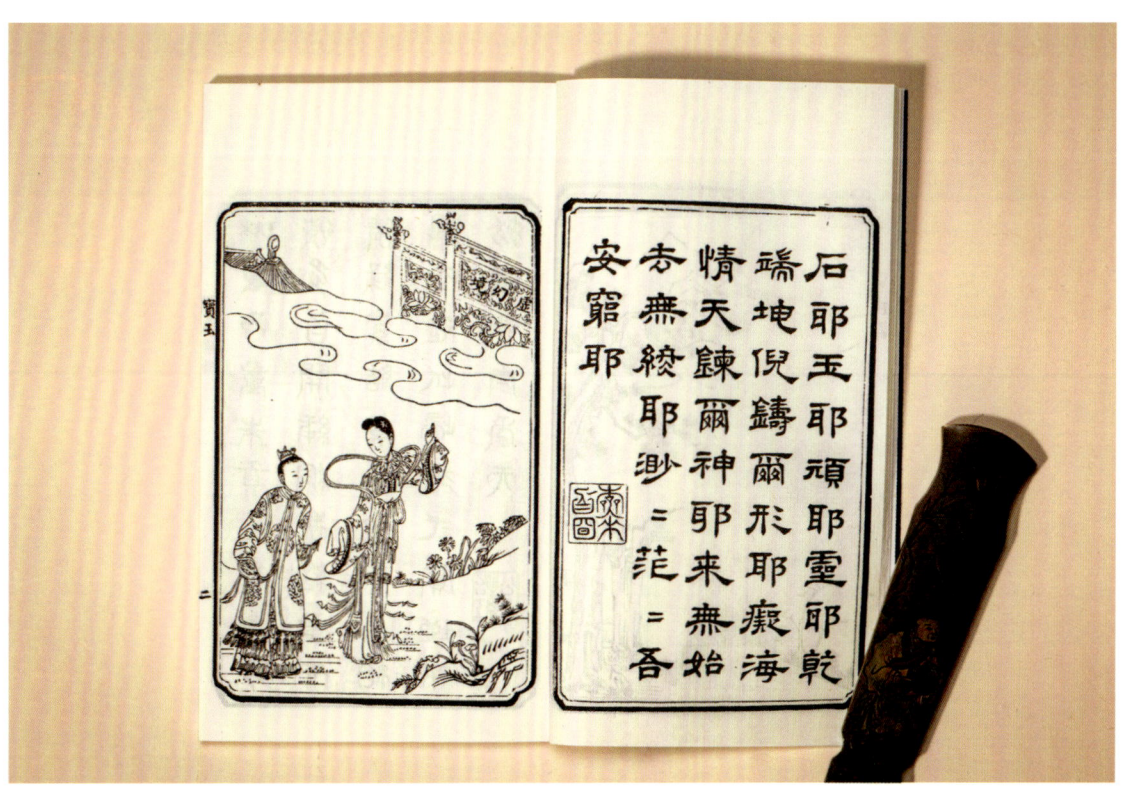

《红楼梦程甲本》内页,图文并茂,内容完整

原汁原味北京老字号文化及工艺美术篇

096

《中国书店藏敦煌遗书》由中国书店出版社出版，本书是对所藏敦煌文献重新拍摄、整理和编辑加工，是一部更为逼真、反映敦煌文献原貌以及历史文化细节的敦煌文献。图为原大原色的两卷本《中国书店藏敦煌遗书》

ORIGINAL TASTE AND FLAVOUR
TIME-HONORED CULTURE AND CRAFT IN BEIJING

《神奇秘谱》是我国现存最早的采用减字谱记录琴曲的古琴谱集，由明太祖朱元璋的第十七子朱权编纂。《神奇秘谱》分为上、中、下三卷。琴谱上卷名为《太古神品》，收有琴曲十六首；中卷和下卷合称《霞外神品》，收琴曲四十八首。大部分琴曲之前都写有题解，将琴曲的渊源、流变和乐曲的表现内容作了介绍，还有一些段落、指法和音位等的讲解。因此《神奇秘谱》是我国古代一部极具研究价值的音乐文献

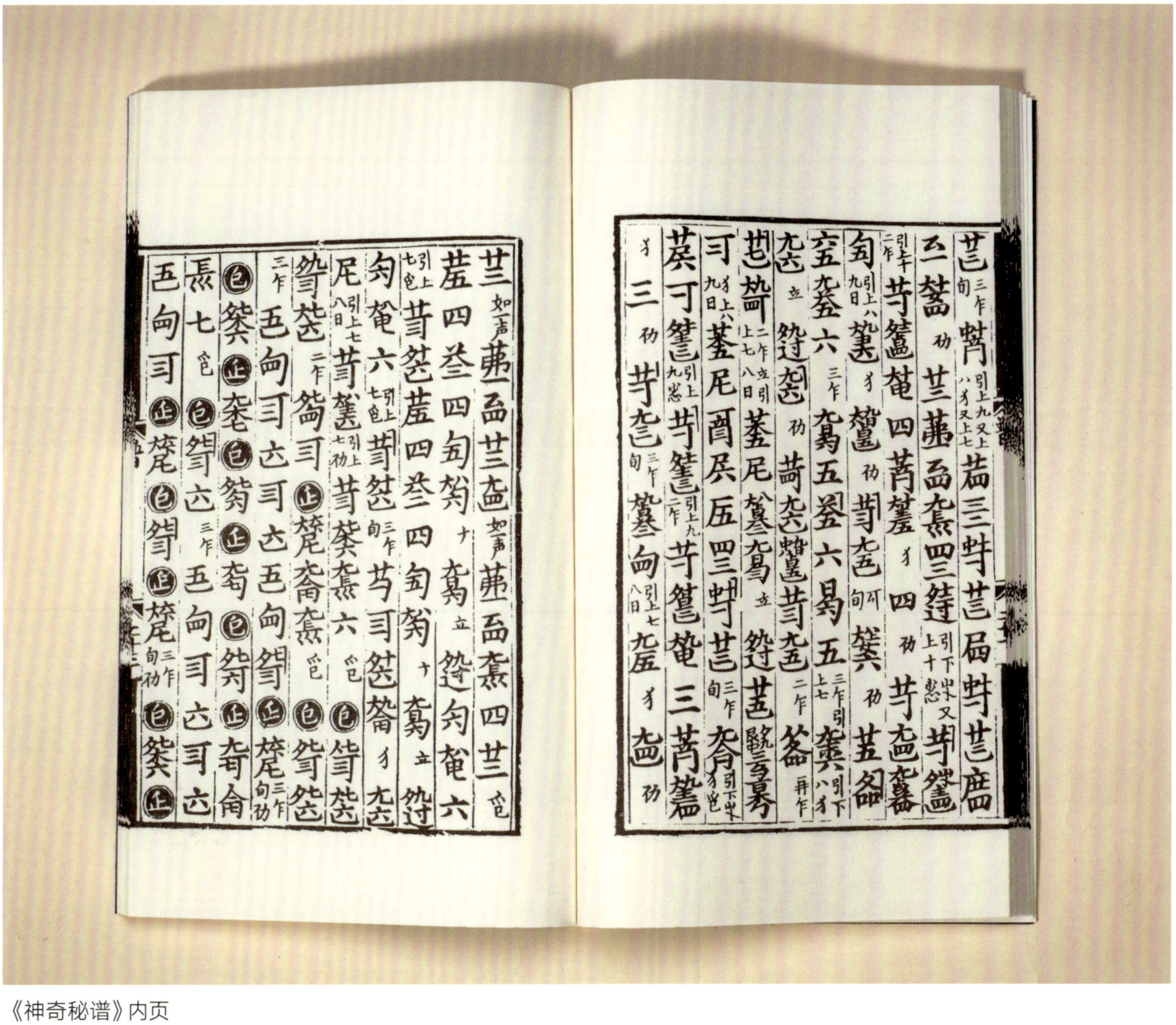

《神奇秘谱》内页

# 始创于1956年

　　北京剧装厂成立于1956年1月，是在公私合营时期，由"三顺""久春""长顺兴"等17家私营及个体店铺合并而成。作为国内剧装行业规模最大的国有企业，北京剧装厂曾为众多著名表演艺术家定做演出服装及道具，并与故宫博物院合作，复制了大量国宝级馆藏绣品类文物，"百花"牌商标在演艺界有较高知名度。北京剧装厂的"剧装戏具制作技艺"于2008年被列入国家级非物质文化遗产名录，2015年被评为"北京老字号"。

　　北京剧装厂的"京绣"技艺以其独特的宫庭气质被誉为"燕京八绝"之一。戏衣制作、盔头制作、把子制作、靴鞋制作、髯口制作、点翠、打穗、头套、舞狮制作、舞龙制作等技艺既传承了中华五千年文化历史，又具有鲜明的北京地方特色。众多的剧装精品，具有较高的历史、社会、文化、美学及经济价值。

　　近年来，北京剧装厂制作的京剧《泸水彝山》《袁崇焕》《下鲁城》及国家大剧院上演的京剧《赤壁》戏装均受到各界好评。

北京剧装厂（摄于20世纪80年代）

北京剧装厂车间（摄于20世纪80年代）

北京剧装厂现址

北京剧装厂制作的仿清代皇帝穿着的龙袍　　　　　　　　北京剧装厂制作的仿清代皇后穿着的龙袍

京绣又称"宫绣"或"宫廷绣",是以北方民间刺绣为基础,以北京为中心的刺绣产品的总称,是"燕京八绝"之一。京绣的用料考究,选料精当贵重,豪华富丽,不惜工本,先用金银线来盘成花纹,然后用色线绣固在纺织平面上,这种绣法在中国绣品中是独一无二的,每件京绣工艺都金碧辉煌,显出皇室气派。图为国家级非物质文化遗产项目剧装戏具制作技艺代表性传承人孙颖。孙颖曾经为故宫博物院制作绣品,并参与了各种大型的文艺演出、影视剧目的服装设计。张艺谋歌剧《图兰朵》、电视剧《大宅门》等大量剧装、国庆五十周年56个民族盛装游行服装、2008年奥运会和残奥会开幕式表演的四千余套服装,均出自孙颖团队之手

北京剧装厂仿制的帝王十二章纹。帝王十二章是中国古代帝王及高级官员礼服上绘绣的十二种纹饰，它们是：日、月、星辰、山、龙、华虫、宗彝、藻、火、粉米、黼、黻，通称"十二章"，绘绣有章纹的礼服称为"章服"。每一章皆有含义，隐喻帝王贵族的风操品行

北京剧装厂应故宫博物院的要求，复制的坤宁宫清代帝后大婚的喜帐

2010年北京剧装厂为国家大剧院的史诗京剧《赤壁》第一场"铜雀兴兵"中曹操设计制作的服装

2010年北京剧装厂为国家大剧院的史诗京剧《赤壁》中第二场"舌战群儒"中孔明设计制作的服装

2010年北京剧装厂为国家大剧院的史诗京剧《赤壁》中周瑜设计制作的服装

工艺美术

# 大国工匠 精巧奇绝
DEDICATION AND AESTHETICS

灵心胜造物，妙手夺天工。中国数千年的农耕文明，创造出了丰富多彩、巧夺天工的工艺美术品，这些作品都是中国悠久历史文化的物质载体。北京作为六朝古都，名师荟萃，巧匠云集，汇八方名器，聚四海重宝。各路工艺，交融荟萃，在历史的演变与酝酿的过程中焕发出勃勃生机。

# 聚元号

## 始创于 1721 年

清军入关后，擅长骑射的满族人对弓箭有着非同寻常的需求量。因此皇室指定了北京四十家弓箭铺作为皇家御用兵工厂，目前唯一留存下来的只有聚元号一家。"聚元号"弓箭创始于清朝康熙年间，创始人已不可考证。传至第七代时，由于聚元号当时的掌柜经营不善，又无儿女，只得将铺子转让给店内师侄杨瑞林经营。此时，火药逐步取代了传统弓箭，朝廷也不再负责弓箭铺工作人员的俸禄，弓箭铺的存留全要依靠自主经营。但是，杨瑞林潜心钻研，苦心经营，不仅做弓箭，还恢复了诸如弩箭、匣箭、袖箭、箭枪等品种，"聚元号"的名声也越来越响。民国时期，聚元号弓箭在万国博览会上斩获了银奖。

聚元号至今依然遵循古法制作弓箭的 200 多道完整工序，所制弓箭与《考工记》《梦溪笔谈》等记录的古弓箭制法最为接近。1957 年，第九代传承人杨文通为毛泽东主席制作了一把传统弓箭。2006 年，聚元号弓箭制作技艺被列入国家级非物质文化遗产名录。2007 年 6 月，聚元号第十代传承人杨福喜被文化部命名为"国家级非物质文化遗产项目代表性传承人"。

聚元号第八代传承人杨瑞林

聚元号第九代传承人杨文通和杨文鑫工作照

聚元号第十代传承人、国家级非物质文化遗产传承人杨福喜

"官迷阵"箭镞。官兵打仗时用的箭镞叫"官迷阵",射到身上一时拔不出来,可以有效地制约对方的战斗力,又不至于一箭射死

扳指。扳指是一种射箭工具,戴于拇指,在射箭时用于保护手指

原汁原味北京老字号文化及工艺美术篇

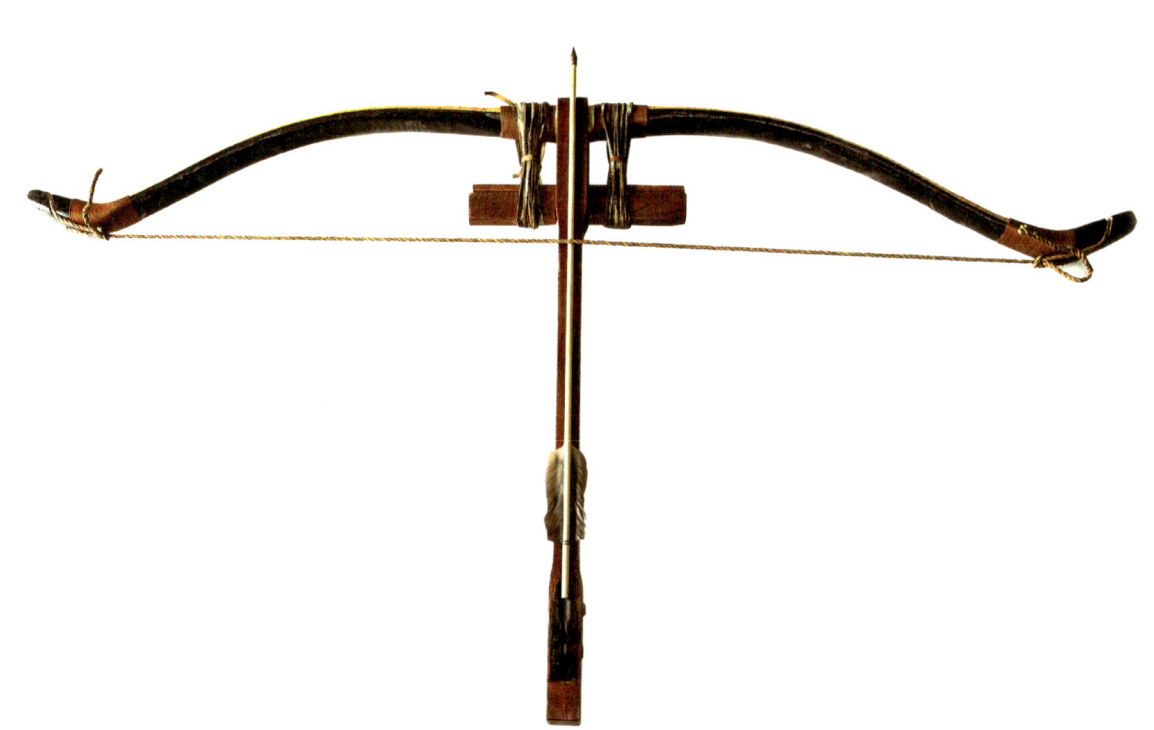

聚元号出品汉弩

聚元号出品箭箱

ORIGINAL TASTE AND FLAVOUR
TIME-HONORED CULTURE AND CRAFT IN BEIJING

聚元号出品弩弓

聚元号出品匣箭

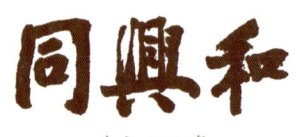

## 始创于 1835 年

　　同兴和创建于清朝道光十五年（1835），旧址位于北京东晓市大街。《北京地方志·崇文区志》记载："'同兴和'硬木家具店，开业于清道光十五年，开始只生产硬木马鞍，绰号'马鞍程'，后增加硬木家具，二十世纪二十年代生意兴隆时，职工达百余人。"作为京作硬木家具制作的百年老字号，同兴和承袭清朝宫廷造办处的精湛技艺，在民国初年声名鹊起、备受美誉，承揽了当时京城达官贵人的家具制作。2008 年由著名收藏家王世襄先生亲书匾额。

　　2014 年同兴和被认定为"北京老字号"，并创办了同兴和非遗传承人工作室。

　　如今同兴和不仅致力于对匠心的传承，更肩负着历史的重任。自 2012 年，同兴和参与"平安故宫"修复工程起，至今已修复上百件木器家具、内檐装修构件、牌匾等。通过与百年前的工匠对话，使百年古木以崭新的姿态重现人间，将中式家具之优雅，中华文化之韵味展现给世人。

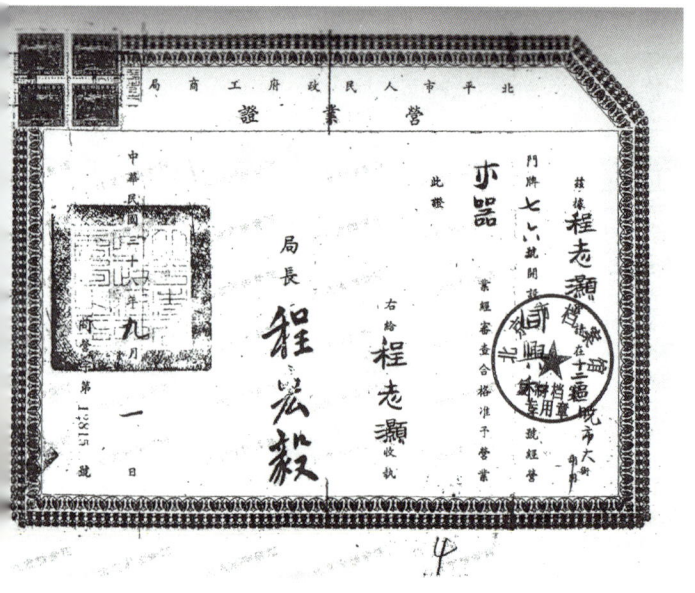

民国 38 年（1949）同兴和营业执照

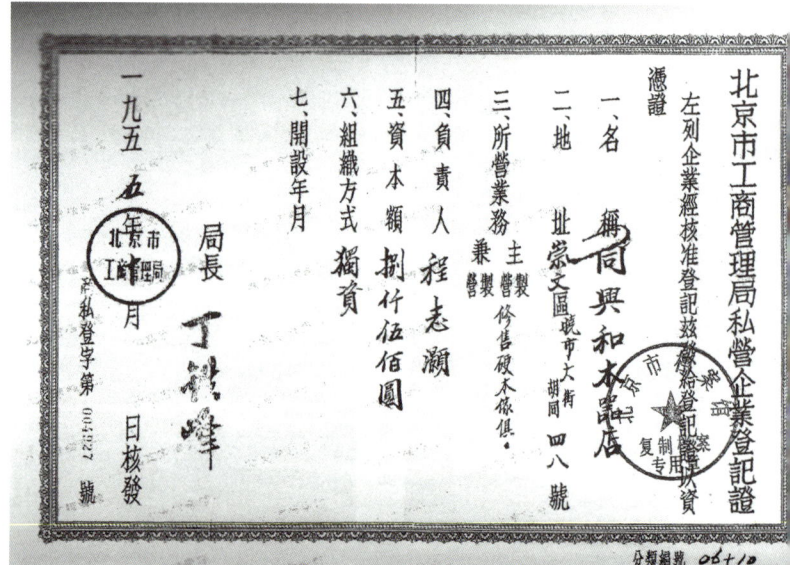

1955 年同兴和营业执照

同兴和老店照片（摄于 2006 年）

同兴和技术带头人王来凤工作照

同兴和出品四出头官帽椅，意境飘逸，遒劲与柔婉并存，简约隽永

同兴和出品扇面椅，器如其名，椅盘前宽后窄，大边弧度向前凸出，平面做扇面形，四足外挓，侧脚明显

石心围子罗汉床（左），采用松花江绿石，床身为席面板心，鼓腿膨牙。
同兴和风光和雅花篮椅（右），椅靠背板阳刻篆书"风光和雅"四字，下
镶嵌山纹大理石，整器庄重严谨，雕工精湛，敦实稳重

清早期紫檀裹腿罗锅枨方几。此几在形式上仿竹制家具，风格上颇具明式家具特点，视觉效果美观，风格文雅内敛

灯挂椅，曲线优美，外形俊朗。裹圆长方桌，方中见圆，与灯挂椅共并一堂，雅致美观

室内放置同兴和出品一桌六椅（前）、圆光多宝阁一座（左后）、三联柜一座（右后），桌椅供休憩闲谈，多宝阁置闲情雅物，三联柜沉着稳重

# 始创于 1862 年

龙顺成始创于清同治元年（1862），原清宫造办处一位王姓木匠，在晓市大街的"鲁班馆"附近开办了一个木器作坊，取字号"龙顺"。因其制作的家具用料实在，工艺讲究，仔细认真，器物造型大方得体，产品质地坚固耐用，深受百姓的喜爱。

清光绪二十八年（1902），"龙顺"字号被改为"龙顺成"。1949 年北平和平解放后，龙顺成向北平市人民政府申请了营业证。1956 年，龙顺成进行了公私合营，与义盛桌椅铺、元丰成桌椅铺等大小 35 家生产经营传统家具的作坊铺面公私合营，成立了"龙顺成木器厂"。

1963 年，龙顺成迁址到崇文区永定门外大街 64 号，其产品开始进入国际市场，特别是"三线绣墩""如意绣墩""五腿花台"等产品，出口到北欧、东南亚、美国、古巴等二十多个国家和地区。

1987 年，企业注册了"龙顺成"牌商标。2010 年，为适应市场发展的需要，企业更名为"北京市龙顺成中式家具有限公司"。同年，被认定为"中华老字号"。2008 年，龙顺成京作硬木家具制作技艺，入选国家级非物质文化遗产保护名录。2018 年，龙顺成京作硬木家具制作技艺，入选第一批国家传统工艺振兴目录。

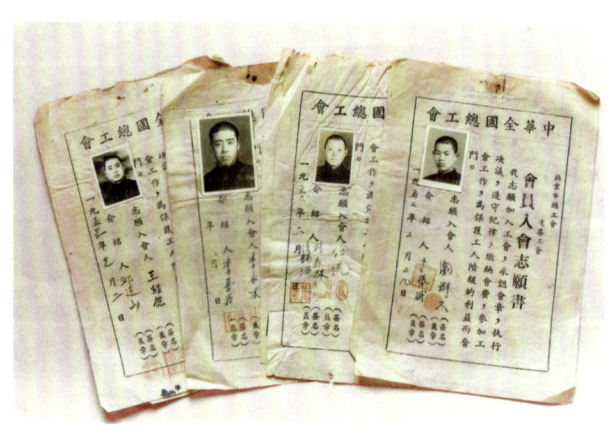

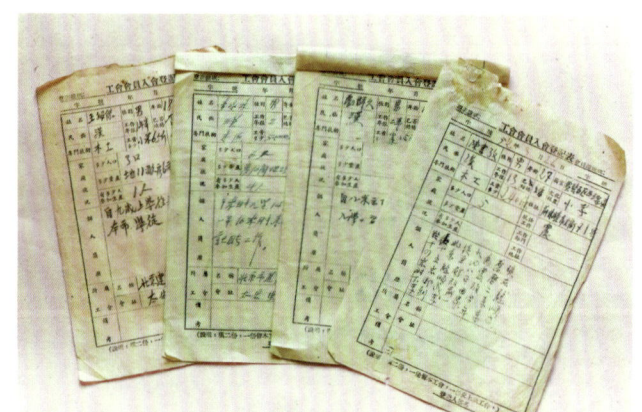

20 世纪 50 年代，龙顺成职工加入北京市总工会入会志愿书

位于北京市永定门外大街的龙顺成旗舰店

龙顺成京作硬木家具国家级传承人种桂友工作照

1977年，木工班在车间门前合影留念

大国工匠 精巧奇绝

DEDICATION AND AESTHETICS

原汁原味北京老字号文化及工艺美术篇

1986年，著名学者王世襄为龙顺成题写厂名

龙顺成民国时期牌匾

龙顺成九五之尊大屏风。这件屏风制作于20世纪80年代后期，由龙顺成京作硬木家具厂老艺人精雕细琢，历时三年完成。这件作品选用上等红木，采用浮雕与立体雕等多种雕刻形式相结合，雕刻层次共分八层。整件作品气势恢宏，甚有皇家气息。由于作品极其罕见，龙顺成将其作为永久的收藏珍品

雕龙顶箱大柜，现收藏于龙顺成博物馆中。雕龙顶箱大柜，俗称"四件柜"，以体大庄重著称，被清代王公贵族所喜用。这组作品是清乾隆时期的匠人，用金丝楠木制作而成，是北京市文物局登记在册的文物

雕龙顶箱柜门板浮雕五爪云龙，圈案四周雕出"扯不断"回纹，靠中间两门雕升龙、边侧两门雕降龙，龙头高起，铜饰件錾花镏金，嵌平安装，圈案为缠枝莲，吊牌雕正姿蝙蝠，寓意福从天降，此柜全部由手工打造，所用材料非常讲究，造型雍容大气

北京雁栖湖亚洲太平洋经济合作组织（APEC）会议中心，图中座椅为龙顺成所特别定制的紫檀托泥圈椅，椅子下有滑轮便于移动，靠背配有符合人体工程学原理的靠垫，久坐不累

紫檀雕西番莲嵌珐琅罗汉床及炕桌

龙顺成 1969 年为庆祝新中国成立二十周年，制作的电视柜。此柜当时放置于天安门城楼内

大国工匠 精巧奇绝

# 始创于1903年

清朝道光年间，杜顺堂创始人杜长福从河北衡水杜家村来京作学徒，学习制作京式家具。其子杜老田少年时也随其父来京，后开了一个小木器作坊，取名杜顺堂。杜顺堂传至第三代杜仁令时，清朝覆灭，所经营的家具的款式转向平民化，材料也由硬木转为榆木。日本侵华时期，杜顺堂也和其他店铺一样遭受了灭顶之灾，杜仁令便把店铺关掉回老家务农。

杜仁令之子杜金德在少年时期便学习木器手艺。新中国成立后，杜金德来到北京光华木材厂，一直工作到退休。杜金德之子杜新士，在父亲杜金德、岳父孙书荣和恩师李承兆的指导下，重新恢复了杜顺堂的字号，并成立了杜顺堂古典家具厂。

杜顺堂秉承"现代理念，古典情怀，在继承老字号传统与创新之间寻求超越和突破"的设计思想和设计原则，在继承老字号传统与创新之间寻求超越和突破。杜顺堂京作硬木家具，具有"结构严谨、线条流畅、技艺精良、漆泽子合"等特点，所生产的家具都是榫卯结构，注重结构的整体性及力的平衡。

杜顺堂于2016年在北京市前门地区开设的店铺

杜顺城第三代传承人杜仁令、第四代传承人杜金德和第五代传承人杜新士的合影

第五代传承人杜新士工作照

2008年，在北京高碑店展出的杜顺堂出品的微缩明清家具

小叶桢楠盝顶式官皮箱。此官皮箱为明式典型器具，采用小叶桢楠带金沙老料制成，上嵌的白铜饰件采用平嵌暗镶，且经年无开缝，选料精良，做工精湛。古时的官皮箱内藏镜支，主要是女性所使用的梳妆奁笼，随着发展，官皮箱的用途更加广泛，常常用来盛装贵重物品或者是文房用具。由于其携带方便，常用于官员巡视出游之用，故俗称"官皮箱"。如今的官皮箱更多的是作为装饰用品

大国工匠精巧奇绝

121

小叶桢楠瘿木心小四件柜。此柜为明式典型器具，参照故宫珍藏紫檀顶箱柜样式制作，整体做工考究，严丝合缝。门心板选用上好瘿子木，选材苛刻，纹理和色泽搭配典雅大方如行云流水。下牙与仓板为整板制作，更加美观，并有暗仓。所配合页及圆光为白铜饰件，做工精细，比例恰当。四腿包白铜更为美观，也使柜腿更为结实

榆木三角椅,名为三角椅,实则是四角。设计时将传统椅子旋转45°使一条腿在最前端,而扶手与两侧的腿则为同一根料上下贯通,两侧扶手受力直接作用到腿上,结实耐用,即使上了年岁的人双手用力撑起身体也不会使椅子向前翻倒

榆木三角椅两侧有手工雕刻的蝙蝠、铜钱、寿桃的吉祥图案,象征着"福、禄、寿"。而蝙蝠又排在铜钱之前,也有"福在眼前"之意

老樟木发财凳。此凳原型为明清时期沿街剃头匠随身带的剃头凳，头发不断生长，头发的"发"与发财的"发"同字，故以其财源广进之意取名"发财凳"。此凳四条腿上窄下宽，俗称"四腿八挓"

杜顺堂皇宫圈足椅

大国工匠 精巧奇绝

# 始创于 1935 年

　　集珍斋始创于民国二十四年(1935)，坐落于北京前门外廊房二条。创始人改庆寿，字松岩，自幼在义文斋珠宝店学徒，学得一身鉴古识宝的本领。在义文斋因故败落后，改松岩自立门户，于 1935 年成立集珍斋珠宝店。1956 年公私合营后，集珍斋交由政府经营，至改革开放后由于经营不佳逐渐停业。

　　2014 年改氏第二十四代传人改博潭恢复字号，重新经营。在经营传统玉石珠宝古董的基础上，结合时代需求，以"佩戴的历史，行走的文化"为主旨思想，创立"御瓷工坊"品牌，打造了一批古典与现代相结合的文创饰品。2018 年集珍斋引入传统大漆金缮修复技法，提供瓷器玉器的大漆金缮修复服务。2018 年被北京老字号协会认定为"北京老字号"。

集珍斋创始人改松岩（左）

集珍斋运用金缮工艺修复后的清乾隆官窑红釉玉壶春瓶

集珍斋运用金缮工艺修复的清晚期翡翠镯

"金榜题名"系列古玉牌

原汁原味北京老字号文化及工艺美术篇

明代和田玉状元及第腰带扣

大国工匠 精巧奇绝

"合和二仙"古玉牌

原汁原味北京老字号文化及工艺美术篇

清康熙黄釉首饰套装

清雍正御窑斗彩波洛领带袖扣套装

# 富德润
## FOK DER RUN

## 始创于 1936 年

"富德润"的创始年代已不可考证。收藏在北京档案馆的《外贸文化业》（87宗41目录2卷）中有关于富德润最早的文献记载："商号：富德润；代表人姓名：常松龄；所在地：廊坊二条50号；店员人数：十人；资本额：伍佰元；入会年月：二五年十月"。20世纪30年代富德润的传承人常子萱被推举为北平玉器商会会长，在行业内有很高的声誉。在此之后，由于局势动荡，富德润的经营者常氏后人关闭了富德润。

2009年，在当时的北京市崇文区政府的提倡和领导下，富德润重新焕发生机，成为一家除经营传统的珠宝玉石之外，集设计、加工、镶嵌、私人定制、零售为一体的老字号，在行业中有"北京富德润，精翠三百年"的美誉。2015年被北京老字号协会认定为"北京老字号"。

富德润老照片

富德润翡翠作品"义"

富德润出品翡翠作品"蝶影重重"

富德润出品翡翠作品"蕊智"

富德润出品翡翠作品"莲慈"

大国工匠 精巧奇绝

富德润出品珠宝作品"凤仪"

大 国 工 匠 精 巧 奇 绝

富德润翡翠"千年知音"

富德润翡翠"达摩渡江"

富德润翡翠"一路有你"

富德润翡翠"加冕"

## 始创于 1946 年

懋隆始创于民国三十五年（1946），是北京最早专营中国传统工艺品的老字号商行，由黄襄宇、金琢云和英国人 A.R.PORTER 合资开办，主要向当时的驻华使节和来华外国人销售珠宝首饰、瓷杂珍玩等中国工艺品。

"懋隆"二字由"东西方友好使者"马可·波罗（Marco Polo）名字的谐音而来，兼取传统祝词"懋盛隆昌"之意。

新中国成立后，懋隆通过公私合营归属于北京外贸系统。1974 年至 1975 年，美国前总统老布什在担任美国驻华联络处主任期间，先后三次光顾懋隆三间房样展楼选购商品，并留下了"来北京三件事——登长城、吃烤鸭、参观购物三间房"的一段佳话。1980 年起，懋隆陆续在北京王府井大街、北海公园、天坛斋宫等地开设多家店铺。朱德、彭真、谷牧等国家领导人多次到懋隆视察指导，郭沫若、邓拓等文人墨客也时常在此流连忘返。

多年来，懋隆一直致力于传统文化、传统工艺的传承与传播，开发了《燕京八绝教育课件》，实现文创行业与教育产业的跨界联合，并积极走出国门，向海外传播大国工匠精神和民族艺术瑰宝。

北京西交民巷 1 号懋隆旧址（摄于 20 世纪 50 年代）

位于王府井大街 86—88 号的懋隆首饰部（摄于 20 世纪 80 年代）

大国工匠 精巧奇绝

坐落于朝阳区三间房东路 1 号懋隆文创园的懋隆艺术馆，展示由懋隆珍藏的，自明清时期至当代的各门类传统工艺品

懋隆"燕京八绝"嘉年华活动中,国家级非遗传承人李荣魁手把手教孩子景泰蓝点蓝工艺

出席马可·波罗国际学术讨论会的意大利学者于1991年10月8日晚来到北京马可·波罗商行(懋隆首饰部),参观为纪念马可·波罗离华返国700周年而制作的工艺品

大
国
工
匠
精
巧
奇
绝

珍藏于懋隆艺术馆的金花丝镶嵌宝石灯,由工艺美术大师田瑞和设计制作,造型取材于北京故宫养心殿皇帝寝宫的景泰蓝桌灯

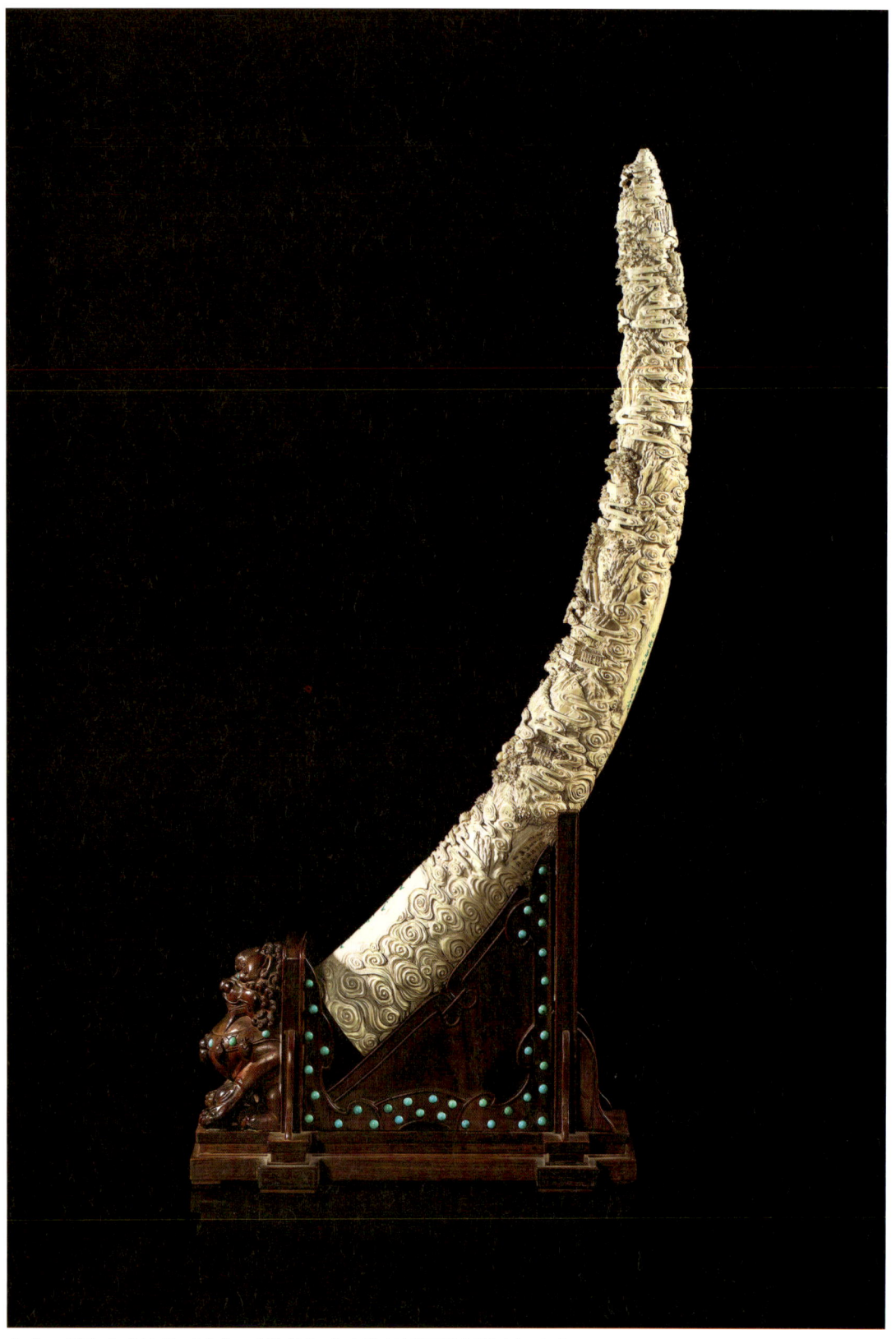

收藏于懋隆艺术馆的牙雕"五岳独尊",作者为杨派牙雕创始人杨士惠

白玉雕"一生如意"链瓶,采用上等新疆和田羊脂玉籽料雕琢的"一生如意"链瓶,由工艺大师江春源、严元喜设计制作,展示于懋隆艺术馆

原汁原味北京老字号文化及工艺美术篇

140

座龙花薰，由中国工艺美术大师张同禄设计制作的景泰蓝作品座龙花薰，收藏于懋隆艺术馆

大国工匠 精巧奇绝

"座龙花薰"通体共装饰199条龙、20枝牡丹、16只凤，镶嵌玛瑙、青金石、绿松石、孔雀石、欧泊等名贵宝石300多颗，表面施以名贵的褐色金星釉料，釉面闪烁点点金色的星斑

# 始创于 1954 年

　　北京工艺美术的历史始于元代，发展于明代，经历了清代宫廷技艺的繁荣，和鸦片战争后的宫廷技艺与民间技艺的融合发展，形成了"宫廷工艺"的独有特点。1937 年抗日战争爆发后，北京手工艺行业受到了毁灭性的打击，绝大多数的手艺人流离失所，困苦不堪。新中国成立后，北京工艺美术行业在党和政府的领导和支持下，得到了快速恢复。1950 年 6 月北京市特种工艺品公司正式成立，北京工艺美术开始呈现繁荣景象，一批重器相继面世。

　　1980 年，北京市人民政府决定，将原隶属于二轻局的北京市特种工艺工业公司、北京地毯工业公司、北京市抽纱工业公司等单位划出，并组建北京市工艺美术品总公司。1993 年，北京工美集团总公司成立。2001 年，改制成立北京工美集团有限责任公司。

　　2006 年，北京工美集团被中华人民共和国商务部首批认定为"中华老字号"企业；2014 年，被北京老字号协会认定为"北京老字号"企业，同时，集团拥有国家级"北京玉雕"、北京市市级"宫廷补绣"两项非物质文化遗产。数十年来，北京工美集团一直承担着国家级礼品和重大项目的设计制作任务，享有"国礼造办"的美誉。

北京工美集团旗下王府井工美大厦前身——北京工艺美术服务部原址素描图

1972 年，位于王府井大街 200 号的北京工艺美术服务部翻建成四层楼

王府井工美大厦现貌（摄于 2019 年）

由北京工美集团负责设计制作的"北京奥运徽宝——中国印"成为了北京 2008 年奥运会会徽发布载体,是奥林匹克运动会留下的一份珍贵而独特的文化遗产,其中一件"中国印"已经由国际奥委会永久收藏在瑞士洛桑的奥林匹克博物馆,成为中国人民喜迎奥运、参与奥运的历史见证。图片中的"中国印"目前保留在中国北京

大国工匠 精巧奇绝

象牙雕"成昆铁路",高110厘米 宽195厘米。1974年,象牙雕刻"成昆铁路"是中国恢复联合国合法席位后送给联合国的第一份国礼。这件代表人类最伟大工程的国礼,出自北京工美集团前身所属企业。目前"成昆铁路"作品已返回并保存在中国

DEDICATION AND AESTHETICS

玉雕"三秋瓶",现藏于北京工艺美术博物馆

宫廷补绣作品《唐女马球图》是根据现代画家罗远潜的工笔画《仕女马球图》而创作的,以唐朝年间唐女打球为主题,五骑人马,挥鞭而行,栩栩如生。作品选用高档的丝绸和花绫为主要原料,塑造的人物立体,色彩古朴典雅。宫廷补绣在原材料的运用上充满创意,独具匠心

宫廷补绣作品《清明上河图》。作品制作精妙绝伦,巧夺天工,是具有极高的艺术价值与工艺价值的珍品

2015年，北京工美集团设计制作的中国向联合国赠送的国礼——"和平尊"

2014年亚洲太平洋经济合作组织（APEC）会议领导人礼品——"四海升平"景泰蓝赏瓶，由7位中国和北京工艺美术大师联袂制作，采用景泰蓝工艺，以藏于北京故宫博物院的霁红釉玉壶春瓶为原型，结合画珐琅工艺的方式制作完成

## 始创于 1956 年

　　北京市珐琅厂有限责任公司的前身是北京珐琅厂，成立于 1956 年 1 月，由 42 家私营珐琅厂和专为皇宫制作景泰蓝的造办处合并组成。1958 年更名为国营北京珐琅厂，郭沫若同志题写了厂名。2002 年 11 月改制为北京市珐琅厂有限责任公司。

　　1982 年企业商标注册为"京珐"牌，并发展成为我国景泰蓝行业第一个知名品牌。2006 年，"景泰蓝制作技艺"被列入国家级非物质文化遗产名录，2012 年 6 月，企业建设了近千平方米景泰蓝艺术博物馆。2014 年被北京市老字号协会评定为"北京老字号"。2016 年被中国商业联合会与中华老字号工作委员会认定为"中国景泰蓝第一家"。

　　北京市珐琅厂有限责任公司汇聚了全国景泰蓝行业三分之二的国家级大师和高级技师。中南海、人民大会堂、钓鱼台国宾馆、首都机场专机楼、雁栖湖国际会议中心等国家重要外交接待场所，都用"京珐"牌景泰蓝进行装饰，许多经典制品作为国礼赠送外国首脑政要。

北京市珐琅厂大门（摄于 1987 年）

北京市珐琅厂原北门（摄于 20 世纪 90 年代）

位于永外安乐林路10号的北京市珐琅厂（摄于2019年）

钱美华，中国工艺美术大师，北京市特级工艺美术大师，高级工艺美术师，曾任北京市珐琅厂第一任总工艺师。1951年中央美术学院华东分院毕业，师从梁思成、林徽因主研工艺美术，抢救当时处于濒危的景泰蓝工艺，是新中国知识分子从事景泰蓝专业设计的第一人。她参与设计的人民大会堂北京厅室内装饰曾受到周恩来总理的高度赞誉。2007年，钱美华入选首批国家级非物质文化遗产传承人，她所设计的景泰蓝被国家誉名为"钱氏景泰蓝"。钱美华大师因病于2010年3月31日在北京逝世，享年83岁，被誉为"新中国景泰蓝第一人"

钟连盛，1962年出生于北京，中国工艺美术大师，北京市特级工艺美术大师，高级工艺美术师，国家级非物质文化遗产景泰蓝制作技艺代表性传承人，现任北京市珐琅厂有限责任公司总经理兼总工艺美术师。钟连盛治艺严谨，技艺全面，作品清新细腻精致风格秀美典雅独特主张在继承传统的基础上不断探索、创新，并取得了很大的成绩

## 景泰蓝的制作

　　景泰蓝是一门综合性艺术，它将美术工艺、雕刻、镶嵌、冶金等技术知识结合起来，是设计师智慧与记忆的完美结合。景泰蓝的制作工艺包括设计、制胎、錾胎、掐丝、点蓝和烧蓝、磨光、镀金。

### 景泰蓝创作设计

市级传承人李静进行景泰蓝创作设计。景泰蓝的设计包括造型设计、纹样设计、彩图设计，设计师不仅要具备一定的美术知识和绘画基础，还要熟悉景泰蓝的制作工艺，只有了解了各种原材料的使用性能，在创作时才能充分考虑到制作工艺的特点，使产品具有整体和谐的美感

### 景泰蓝掐丝

区级传承人耿英健进行景泰蓝掐丝。先将铜线压成不同型号的扁丝，掐丝艺人根据产品的大小选择丝号，再按照设计人员设计的图纸，以专用镊子将柔软而有韧性的扁丝掐（掰）出各种图案纹样，蘸上白芨，粘在铜胎上，经过烧焊，使扁丝构成的各种图案牢牢地固定在铜胎上。这道工艺就像绘画中的白描

### 景泰蓝点蓝

市级传承人衣福成进行景泰蓝点蓝。布满扁丝的胎体经烧焊、酸洗后，便进入点蓝工序。点蓝艺人们用蓝枪把各种颜色的釉料填入丝间，并与丝的高度相平，经烧结，釉料下凹，然后再点蓝，再烧结，如此反复三至四遍，方可完成点蓝。这道工艺就像绘画中的着色

### 景泰蓝烧蓝

景泰蓝制作烧蓝工艺

### 景泰蓝磨光

景泰蓝制作磨光工艺。技师先用较粗的砂石将釉面磨平,再用细砂石、椴木炭蘸水细磨,最后布轮抛光,直到产品发出均匀的光亮度为止

### 景泰蓝镀金

景泰蓝制作镀金工艺。将磨完光的产品放入镀金溶液中,使所有的铜线、铜丝、铜口处全部镀上金。这样一件完整的、金灿灿、亮闪闪的景泰蓝艺术品的制作过程便告完成

大国工匠 精巧奇绝

155

"和平尊"是中国工艺美术大师钱美华的收官之作,"和平尊"从立意构思到制作完成,历时一年多,是为喜迎新中国六十华诞隆重推出的献礼作品

DEDICATION AND AESTHETICS

原汁原味北京老字号文化及工艺美术篇

"福寿周器垒",作者:钱美华

大国工匠精巧奇绝

"凤凰尊",作者:李静

## 金漆镶嵌

## 始创于 1956 年

　　北京金漆镶嵌有限责任公司的前身北京金漆镶嵌厂，是 1956 年由 16 家漆器作坊采用"公私合营"方式联合建厂的国有企业。2005 年 3 月，北京金漆镶嵌厂改制为股份制有限责任公司，主要经营传统漆器、古典家具、室内装饰业，以及木雕、根雕、石雕等工艺品。

　　2008 年 6 月，北京金漆镶嵌有限责任公司所申报的"金漆镶嵌髹饰技艺"被列入国家级非物质文化遗产保护名录；2012 年，荣获"北京市非物质文化遗产生产性保护示范基地"称号。2014 年，被北京老字号协会认定为"北京老字号"。2015 年获"2014—2015 年度中华老字号传承创新先进单位"称号。

北京金漆镶嵌有限责任公司总部旧照
（摄于 20 世纪 80 年代）

北京金漆镶嵌有限责任公司总部

北京金漆镶嵌有限责任公司大厂生产基地

大国工匠 精巧奇绝

柏德元，1947年出生，1962年进入北京金漆镶嵌厂，曾为北京金漆镶嵌有限责任公司董事长清宫造办处第五代传人，中国工美行业艺术大师，国家级非物质文化遗产项目"金漆镶嵌髹饰技艺"代表性传承人

柏群，1974年出生，现任北京金漆镶嵌有限责任公司董事长兼总经理。清宫造办处第六代传人

2017年，大型精工矫嵌"红楼梦露秋咏菊"屏风被认定为北京市传统工艺美术珍品

乾隆御题"燕京八景图"金雕漆屏风

大型精工矫嵌屏风"丹凤图"

御制百宝嵌葫芦插屏

花果纹撒金地识文描金四层套盒

金漆镶嵌穿云龙屏风，该屏风入选 2014 年 APEC 会议接待陈设

红木百宝嵌玉景鸣春屏风

金髹海屋添筹屏风

大型精工矫嵌华冠群芳屏风

精工花卉九围带帽屏风

# 始创于 1956 年

　　北京宫毯，即宫廷所用地毯，又叫官坊毯，是著名的"燕京八绝"之一。北京宫毯兴盛于元朝。清咸丰年间，手工地毯在北京更加兴盛繁荣，并开始走向民间。光绪二十八年（1902），北京式地毯在美国圣路易斯举办的"万国博览会"上荣获一等奖。但是随着清朝政府的落败，曾经的宫毯匠人为了生计在北京开店，宫毯技艺流入民间，在 20 世纪 20 年代先后涌现出一批毯坊，有聚顺成、万盛永、震东等。1920 年北京的地毯作坊已有 354 家。

　　1956 年 1 月，震东地毯厂、祥立永等少数私营地毯厂合并组成了北京第一地毯厂。1958 年末，北京第一地毯厂和北京地毯三社合并，更名为西城地毯厂。

　　1965 年，北京市地毯总厂成立，下设西直门分厂和新街口分厂。1969 年两分厂合并，改称为地毯五分厂，其间生产的主要是织布。1972 至 1973 年，地毯五分厂更名为北京地毯五厂，此时的主要生产又改为织毯。20 世纪 90 年代初，北京地毯五厂创办合资企业——北京航空地毯有限公司。2005 年，北京市地毯五厂与北京市凤凰时装装饰品公司重新组合。2007 年，北京宫毯织造技艺被列入北京市级非物质文化遗产名录；2008 年，被列入国家级非物质文化遗产名录。2014 年，北京地毯五厂重新组建了现代企业模式的华方地毯艺术有限公司。

织毯工人在工作的老照片

1981 年，北京地毯五厂工人在古纹式的"西汉云气天鹿纹"地毯上剪活

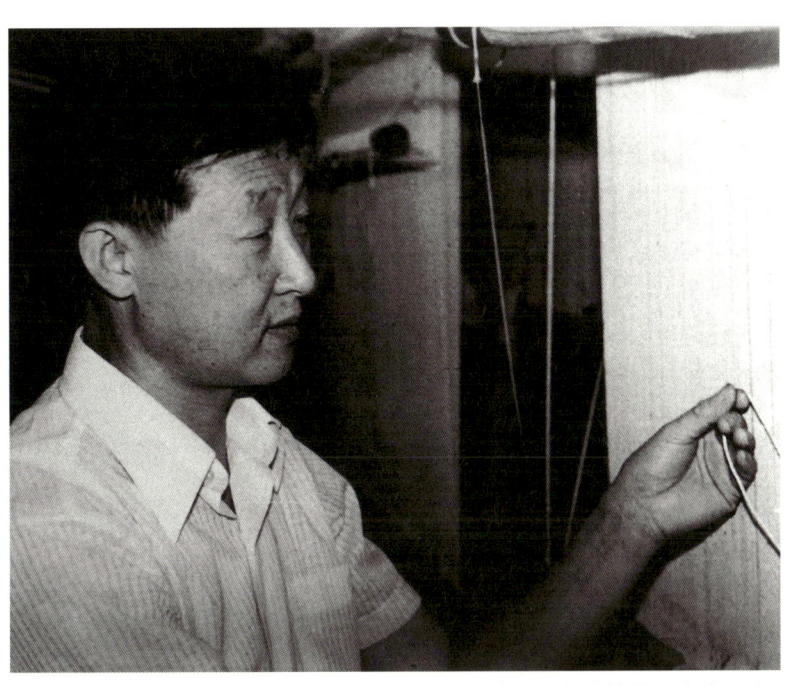

北京市一级工艺美术大师,国家级非物质文化遗产项目代表性传承人康玉生,十四岁在北京聚顺成地毯厂拜陈子权、焦殿功为师,学习织毯手艺,成为第四代传人。在长期从事织毯工艺的开发与研究中,总结出一套完整的地毯制造操作法,同时创新了多种织造工艺,为传承地毯织造工艺作出了突出贡献

宫毯技艺织造大师王国英,师从宫毯第四代国家级传承人康玉生。在从业三十余年里制作出无数件深受各界人士喜欢的壁挂和地毯,是国家级非遗传承人

织毯作品"火光"

织毯作品"吉祥"

"九龙图"盘金丝毯。盘金毯是曾经的皇宫御用品，用含有黄金的金箔线织制而成。由于用料金贵、工艺秘不外宣，清王朝没落之后，盘金毯及其制作工艺也就失传了。2003年，为抢救失传的盘金（银）毯工艺，有关单位专门成立了盘金毯复原小组，地毯五厂技术骨干康玉生位列其中。经过试织样品，从设计构图、选材、配色、设计工艺，层层把关，终于完成了一幅"九龙图"盘金丝毯的创作，使古老的盘金毯技艺得以恢复，濒临失传的技艺得以传承

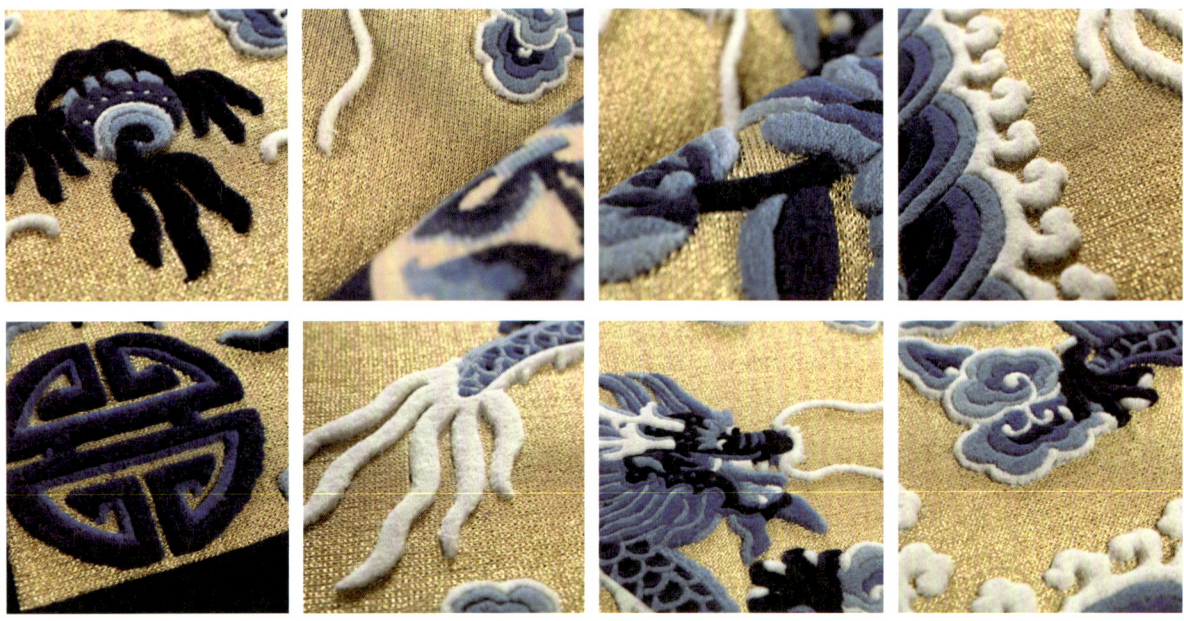

"九龙图"盘金毯细节

"带子上朝"盘金毯

织毯作品"丰收"

大国工匠 精巧奇绝

# 文盛斋

## 始创于1806年

　　北京市美术红灯厂有限责任公司的前身是位于正阳门外廊坊头条的"文盛斋"。"文盛斋"始建于清嘉庆十一年（1806），是经营宫灯、纱灯、字画、灯彩等的灯画壁扇庄。1915年"文盛斋灯画扇庄"就以"宫灯工艺品"参加巴拿马万国博览会，并获得金牌和奖状。经过发展，文盛斋改建为宫灯壁画厂。新中国成立后，经过公私合营，1956年，宫灯壁画厂改成北京市美术红灯厂，店面与厂房迁移到东琉璃厂，依然以生产和销售宫灯、灯笼为主要经营方式。

　　2004年，北京市美术红灯厂改制成为北京市美术红灯厂有限责任公司。2008年，"北京传统宫灯技艺"被列入国家级非物质文化遗产保护名录。

1984年，北京市美术红灯厂工人为新中国成立35周年大庆使用的红灯和宫灯进行生产

北京市美术红灯厂为迎接1988年龙年的到来而制作的以"龙"为题材的特色宫灯

红灯国家级传承人马元良在与传承人郭燕青讨论工作技术

20世纪80年代，红灯厂为迎接春节而制作的灯笼摆放在天安门广场

每支灯都是手工制作，工艺包括锼、雕、刻、镂、烫、画等，一支灯的完成需要上百道工序

六方云盒子母宫灯

宫灯以六方型、八方型、桌灯、地灯最常见。灯架灯扇完全手工雕刻镂空出花朵、云纹、龙凤造型，可拆卸组装，材质多以红木、花梨木、紫檀、楠木等贵重木材制成，灯扇糊上丝绢，手工彩绘山水、花鸟、花卉、人物、博古等画面

北京灯彩艺术品主要有纱灯、宫灯、走马灯、立体动物灯、金属灯、料丝灯等。灯彩的制作技艺是彩扎、裱糊、编结、刺绣、雕刻、剪纸、字画的凝聚,成为既延续了传统工艺又表示出浓郁文化积淀的综合性造型艺术

## 始创于 1937 年

  北京东方艺珍花丝镶嵌厂始建于 1937 年，最初由河北省冀县人王金鳌在北京与他人合伙经营，其祖辈有清宫造办处老艺人。1956 年，企业进行了公私合营，成立了北京花丝厂，厂址位于北京市崇文区兴隆街 2 号。

  1958 年北京市政府将北京花丝厂和四个花丝镶嵌合作社合并成立了北京花丝镶嵌厂，厂址位于通州区燃灯佛塔处的大成街 3 号（现北京城市副中心三庙一塔景区）。20 世纪 90 年代后期，因市场环境和体制因素企业濒临破产。1999 年，由通州区政府注入资金，企业更名为北京东方艺珍花丝镶嵌厂。2009 年适应新形势进行了改制，由全民所有制改为集体所有制（股份合作）继续经营至今，现厂址为北京城市副中心张家湾。2018 年被北京老字号协会认定为"北京老字号"。

  东方艺珍企业集中了花丝镶嵌、錾刻、卡克图、镀金、烧蓝、点翠等传统工艺方面的顶尖人才，主营业务为设计制作销售花丝镶嵌金银摆件、首饰及生活用品等。

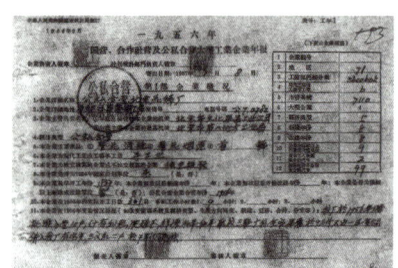

图为 1956 年公私合营时北京花丝镶嵌厂的企业资料

北京花丝镶嵌厂企业旧照（摄于 20 世纪 60 年代）

北京花丝镶嵌厂位于北京市通州区的现厂址

北京工艺美术大师、东方艺珍技艺总监姚迎春工作照（摄于20世纪60年代）

白静宜，1942年出生于北京，中国工艺美术大师，国家非物质文化遗产代表性传承人。其作品在传承中国传统文化艺术精髓的同时，创意新颖，生动脱俗，形成了自己独特的艺术风格，作品曾多次参加国内外设计大赛和博览会并屡次获奖

王树文，1943年出生于北京，中国工艺美术大师，国家非物质文化遗产代表性传承人。王树文在花丝镶嵌领域造诣颇深，有"一手金丝"的美誉。其花丝作品精美华贵、技艺精绝，被视为当代艺术珍品

常留海，2003年成为东方艺珍掌门人，专注于花丝镶嵌非遗文化的保护传承和创新发展。2015年创建了东方艺珍花丝镶嵌传承基地，制定了"在传承中创新、在创新中传承"的企业经营战略，提出了"天高任鸟飞、海阔凭鱼跃"的人才战略口号。2019年在美国设立了"东方艺珍纽约办事处"，为花丝镶嵌技艺和文化的保护传承和对外拓展了渠道，夯实了基础

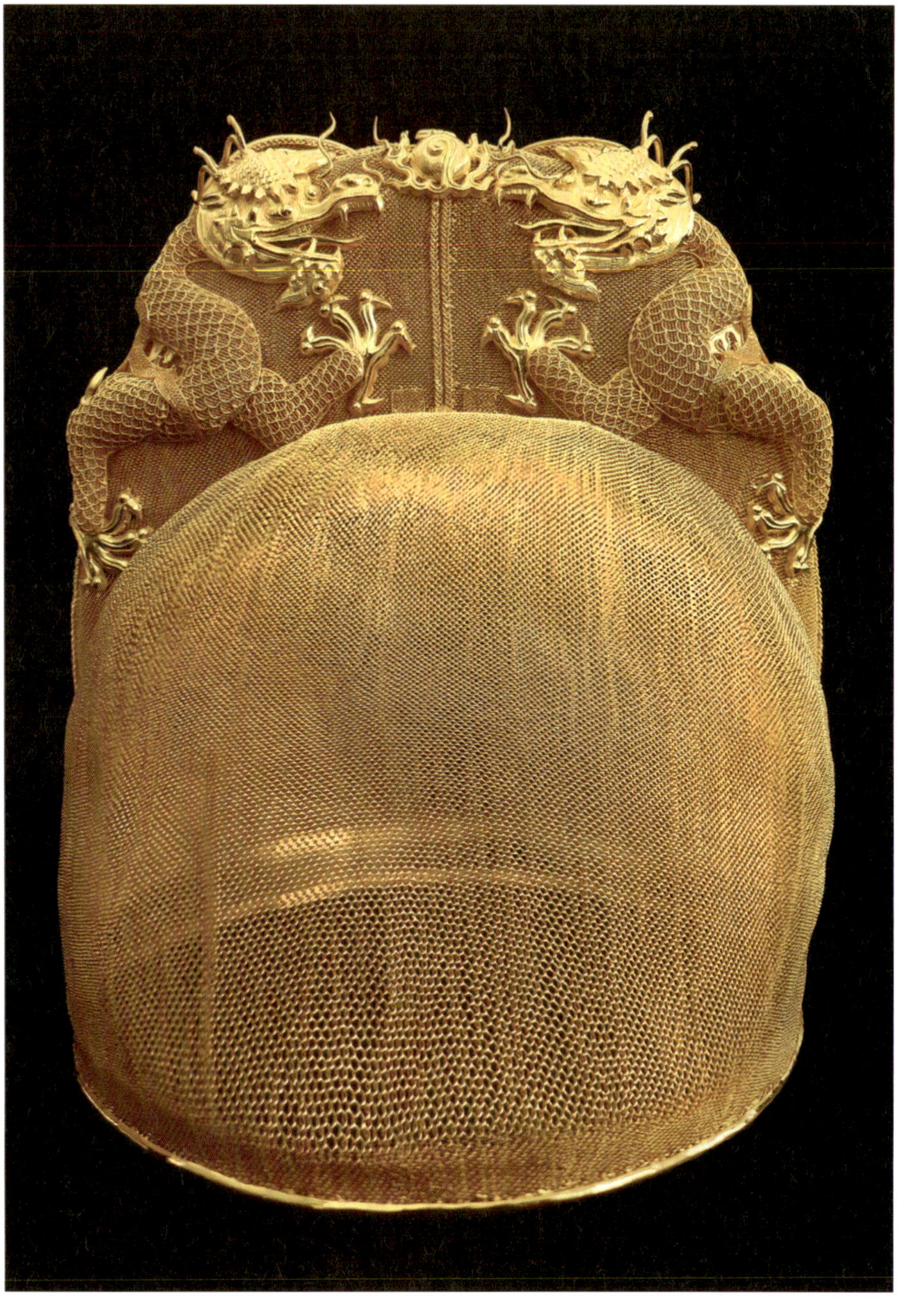

原汁原味北京老字号文化及工艺美术篇

1959年花丝镶嵌厂复制明十三陵出土的万历皇帝的金丝翼善冠

金丝翼善冠。仿定陵出土金质冠饰，金冠通高24厘米，后山高22厘米，冠高14.7厘米，口径20.5厘米，重826克，工艺精巧，仿制难度极高。目前全国仅此一件，堪称国宝

大国工匠精巧奇绝

175

金牡丹套件——花开富贵套装

DEDICATION AND AESTHETICS

姚迎春作品"风雨桥"

金镶

金瓯永固杯

"金玉圆明园大水法"作品，长256厘米，宽180厘米，是迄今为止我国最大的一件以古典名园建筑为题材的黄金嵌宝细金工艺陈饰品。"金玉圆明园大水法"耗用瑞士进口千足黄金60公斤，选用南非钻石2500粒，斯里兰卡、缅甸、泰国红、蓝宝石1200粒，天然珍珠590粒，高档翡翠210块，从2500公斤新疆"白玉"原料中，精选近百公斤精白玉。宝石镶嵌精致，白玉雕琢细腻、规整、平实，花梨木座设计雕琢工艺精良

大国工匠 精巧奇绝

DEDICATION AND AESTHETICS

# 后 记
## POSTSCRIPT

《原汁原味北京老字号·文化及工艺美术篇》是"原汁原味北京老字号"系列画册的第三本。本画册继承了前两本画册装帧典雅、图文并茂的特点，深度挖掘了文化与工艺美术类老字号的文化底蕴和技艺传承，展现了文化和工艺美术类老字号在新时代的创新与发展成果。

本画册在编辑出版的过程中得到了社会各界的广泛支持和帮助。在此，要特别对荣宝斋、北京三庆园文化发展有限公司、北京一得阁墨业有限公司、商务印书馆有限公司、居仁堂京瓷（北京）文化发展有限公司、北京戴月轩湖笔徽墨有限责任公司、北京宏音斋民族文化发展中心、北京星海钢琴集团有限公司、北京龙顺成中式家具有限公司、北京杜顺堂木作文化创意发展有限公司、北京工美集团有限责任公司、北京金漆镶嵌有限责任公司、北京东方艺珍花丝镶嵌厂等企业表示感谢！

本画册是对北京文化与工艺美术类老字号的一次系统归纳和总结，是老字号在新时代焕发新生机的生动体现。画册兼具知识性与观赏性，对于弘扬北京老字号传统工艺和文化、助力全国文化中心建设具有积极意义。

**编委会主任：** 闫立刚

**编 委 会：** 孙 尧　刘梅英

**执 行 主 编：** 闫立刚　孙 尧　刘梅英

**编　　　辑：** 于 文　刘小虹　王瑞芊　耿英贞　马宇泰　仵文贞

**校　　　对：** 魏新宇　曹 民　丁 颖　王翰阳　朱英男　焦德婧

**编　　　者：** 北京市商务局

**特 别 鸣 谢：** 北京老字号协会

**装 帧 设 计：** MARK

**印　　　刷：** 北京汇瑞嘉合文化发展有限公司

图书在版编目（CIP）数据

原汁原味北京老字号·文化及工艺美术篇 / 北京市商务局编 . -- 北京：中国画报出版社，2019.12

ISBN 978-7-5146-1755-9

Ⅰ.①原… Ⅱ.①北… Ⅲ.①老字号 – 介绍 – 北京②文化 – 老字号 – 介绍 – 北京③工艺美术 – 老字号 – 介绍 – 北京 Ⅳ.① F279.271

中国版本图书馆 CIP 数据核字 (2019) 第 177316 号

**原汁原味北京老字号·文化及工艺美术篇**
北京市商务局编

出 版 人：于九涛
责任编辑：杜　莉
责任印制：焦　洋

出版发行：中国画报出版社
地　　址：中国北京市海淀区车公庄西路 33 号　邮编：100048
发 行 部：010-68469781　010-68414683（传真）
总编室兼传真：010-88417359　版权部：010-88417359

开　　本：889mm×1194mm　1/16
印　　张：11.375
字　　数：210 千字
版　　次：2019 年 12 月第 1 版　2019 年 12 月第 1 次印刷
印　　刷：北京汇瑞嘉合文化发展有限公司
书　　号：ISBN 978-7-5146-1755-9
定　　价：228.00 元